중국 채권회수 법률실무

Q&A

묻고 답하기

리팡 외국법자문법률사무소
한영호 대표변호사

소송편

(주)명진씨앤피

중국 채권회수 법률실무 소송편

초판 1쇄 **인쇄** | 2020년 10월 21일
초판 1쇄 **발행** | 2020년 10월 26일

저 자 한영호
발 행 인 최영무
발 행 처 (주)명진씨앤피
등 록 2004년 4월 23일 제2004-000036호
주 소 서울시 영등포구 경인로 82길 3-4 616호
전 화 (02)2164-3005
팩 스 (02)2164-3020

ISBN 978-89-92561-43-3 (13360)
값 20,000원

중국 채권회수 법률실무
[소송편]

머리말

약 2년간의 신청 기간을 거쳐 중국 법률사무소로서는 처음으로 한국 법무부의 인허가를 받아 서울에 외국법 자문법률사무소를 설립하고 대표변호사로 부임한 지 어느새 2년이 넘는 시간이 흘렀습니다.

그사이 수많은 한국기업들의 중국 채권회수 업무에 관한 법률상담을 제공하였습니다. 중국이 한국의 최대 교역 대상국이라고 하지만 그렇게 많은 한국기업들에게 중국 채권회수 이슈가 있다는 사실을 알고 경악하였습니다. 게다가 그중의 대부분 중소기업들은 이러한 이슈가 발생하였다 해도 소송업무를 대리하는 중국 변호사를 선임할 수 있는 루트조차 찾을 수 없기에 채권을 포기하는 경우도 많았습니다. 경제력이 약한 중소기업일 경우에는 한 건의 중국 채권회수 실패로 인해 파산하는 경우도 있습니다.

비록 제가 한국기업을 궁지에 몰아넣은 그 얄미운 중국기업의 사장은 아니지만 법률상담에서 참담한 표정을 짓고 있는 한국분들을 볼 때마다 같은 중국인이라는 견지에서 항상 미안한 마음이 가득했고 뭔가 해드려야겠다는 생각을 꾸준히 가지게 되었습니다.

그러던 와중에 코로나19 사태의 악화로 많은 업무와 일정이 취소되면서 오랜만에 시간적 여유를 가지게 되었고, 자연스럽게 한국기업들의 중국 채권회수에 관련 법률실무를 Q&A 형식으로 이 책에 정리하게 되었습니다.

이 책을 출판하는 목적은 한국기업인들, 특히 사내 변호사가 없는 중소기업의 사장님들이 중국 채권회수에 대해 일정한 기초지식을 쌓도록 하는 것입니다. 소송은 변호사에 맡기기만 하면 다 되는 게 아니냐는 생각은 금물입니다. 특히 중국 채권회수 소송에 있어서는 당사자가 중국 민사소송 제도에 대한 일정한 요해가 있는 것이 좋은 소송결과를 취득하는 데 큰 도움이 됩니다.

요즘 코로나로 인해 중국기업들의 경제상황이 악화되고, 한·중 양국 간의 인적 교류에 제동이 걸리면서 한국기업들의 중국 채권회수 관련 분쟁이 더욱 다발하고 있는 양상을 보여주고 있습니다.

인터넷 기술의 발전과 더불어 무료 화상채팅으로 간편하게 국제회의를 진행하는 것도 가능하지만 상대적으로 복잡한 중국 채권회수 소송에 관한 법률상담은 아직까지도 역시 면대면으로 진행하는 것이 더욱 효과적이라고 봅니다.

이러한 소송업무에 대해 저희들은 서울 마포역 근처에 소재하고 있는 한국사무소에서 한국어로 고객과의 모든 상담을 진행하고 중국 베이징 본사 및 상하이, 광저우, 심천, 우한 지사의 중국변호사들을 직접 안배하여 모든 소송업무를 효율적으로 처리해 드리고 있습니다.

마지막으로 이 책은 어디까지나 중국 채권회수 소송에 관한 참고용으로만 제공하는 것이며 중국의 관련 법률제도는 자주 바뀌기에 구체적인 사건 처리에 있어서는 꼭 중국법률전문가에게 상담받으실 것을 제안 드립니다.

리팡 외국법자문법률사무소
한 영 호 대표변호사

차례

제1장 소송 준비작업

차례

제3장 소송 서류 작성

차례

제4장 1심 소송 절차

차례

제6장 재심 절차

제7장 강제집행

차례

부 록

제1장

소송 준비작업

제1장
소송 준비작업

한국기업이 중국에서 채권회수를 목적으로 하는 민사소송을 진행함에 있어서 가장 중요한 것은 준비작업이라고 생각됩니다.

일반적으로 준비작업이 소송 전체 업무에서 차지하는 비중은 70% 정도입니다. 준비작업이 잘 되어있으면 승소할 수 있는 확률도 그만큼 높아지고, 반대로 준비작업이 부실한 경우에는 이길 수 있는 소송도 지게 됩니다.

아울러 준비작업에 있어서 사건에 대한 전반적인 검토를 거쳐 증거 부족으로 인해 승소 확률이 아주 낮다고 판단될 경우, 또는 상대방의 재무상황이 엉망이어서 승소하였다 해도 판결대로 채무를 이행할 가능성이 희박하다고 판단될 경우에는 다른 특별한 이유가 없는 한 과감히 소송을 포기하는 것이 한국기업의 이익에 보탬이 됩니다.

▪▪▪ 제1절 중국변호사 선임

소송 준비작업 단계의 첫 단추로 되는 것은 중국변호사 선임인데 저의 개인적인 소견으로는 이 단추를 어떻게 잘 채우는지에 따라 소송의 매끄러운 진행과 승패를 판가름하게 됩니다. 따라서 부디 인간적으로 신뢰할 수 있고 능력이 있는 중국변호사를 선임하여 유력한 아군으로 만들기 바랍니다.

Q1 중국 민사소송에 있어서 선임할 수 있는 변호사 인수는?

A1 중국법의 규정에 따르면 중국 민사소송에 있어서 당사자는 1~2명의 변호사를 소송대리인으로 선임할 수 있습니다.

중국 사법부의 통계에 의하면 2019년 3월까지 중국변호사 인수는 총 42.3만 명이며 2017년부터는 매년 평균 5만 명이 증가되고 있습니다.

중국에서 변호사가 되려면 먼저 해마다 한 번씩 진행하는 법률직업자격(法律职业资格) 시험을 통과하여 법률직업자격증(法律职业资格证)을 취득한 후 중국 법률사무소에서 만 1년간의 수습기간을 거쳐야 합니다.

수습기간이 만료된 후 변호사협회의 면접시험에 합격되면 관할 사법행정부서로부터 변호사집업증(律师执业证)이 발급되며 이 시점부터 변호사의 명의로 법률서비스를 제공할 수 있습니다.

구체적인 법률근거 중국 변호사법 제5조

Q2 변호사는 반드시 소송 관할법원 소재지에서 선임하여야 하는지?

A2 아닙니다.

중국변호사가 중국 내에서 업무를 수행함에 있어서는 지역의 제한을 받지 않습니다.

예컨대 베이징에서 근무하는 변호사를 선임하여 광둥성 법원에서 진행하는 소송을 대리하게 하는 것은 법률적으로 전혀 문제가 되지 않습니다.

다만, 홍콩·마카오·대만지역일 경우에는 중국 대륙과 완전히 다른 법률제도를 실시하고 있기에 이러한 지역에서의 소송업무는 중국변호사가 대리할 수 없으므로 현지의 변호사를 선임하여야 합니다.

구체적인 법률근거 중국 변호사법 제10조 2항

Q3 소송 수임계약은 중국변호사와 직접 체결할 수 있는지?

A3 체결할 수 없습니다.

중국법의 규정에 의하면 법률업무 수임계약은 반드시 법률사무소와 체결하여 합니다.

다만, 수임계약에 있어서 해당 법률업무를 수행하는 중국변호사를 지정하는 것은 문제되지 않습니다.

참고로 중국변호사는 반드시 1개의 중국 법률사무소에 소속되어야 하며, 개인적으로 법률업무를 처리하고 수임료를 수취할 경우에는 중국변호사법에 의해 처벌받게 됩니다.

구체적인 법률근거 중국 변호사법 제25조 1항, 제40조 1호

Q4 한국변호사를 선임하여 중국 민사소송을 진행할 수 있는지?

A4 중국법의 규정에 의하면 외국인, 무국적인, 외국기업 및 단체(이하 "외국 당사자"라 함)가 중국법원에서 소송을 제기하거나 응소함에 있어서 변호사를 선임하여 소송을 대리하게 할 경우에는 반드시 중국변호사를 선임하여야 합니다.

다만, 외국 당사자는 본국의 변호사를 선임하여 일반인의 신분으로 중국 민사소송 업무를 대리하게 할 수는 있습니다.

즉, 중국 민사소송에 있어서 한국기업이나 한국인은 한국변호사를 선임하여 소송을 대리하게 할 수 있지만 한국변호사는 일반인의 신분으로 소송을 대리할 수밖에 없습니다.

구체적인 법률근거 중국 민사소송법 제263조
중국 민사소송법 해석 제528조

Q5 중국 채권회수 소송업무의 변호사 수임료 기준은 어떻게 되는지?

A5 중국에서는 변호사 수임료에 대해 정부지도가격과 시장조정가격을 실시하고 있으나 각 성·자치구·직할시별로 그 기준이 다릅니다.

예컨대 베이징시에서는 2018년 3월까지는 변호사 수임료에 대한 정부지도가격 기준이 있었으나 2018년 4월부터는 전면적으로 시장가격에 따르도록 하였습니다.

이와 반대로 상하이시에는 현재도 변호사 수임료에 대한 정부지도가격 기준이 존재하지만, 정부지도가격은 강제성이 없기에 당사자 간의 협상에 의해 수임료가 결정됩니다.

중국 채권회수 소송 실무에 있어서는 일반적으로 〈착수금+성공보수〉 형식에 의해 변호사 수임료를 책정하고 있습니다. 한국의 경우에는 〈착수금+승소보수〉의 형식도 많지만 중국에서 말하는 성공보수는 일반적으로 실제로 채권을 회수하였을 경우의 보수를 말합니다.

또한 성공보수의 비율에 대해서는 공식적인 기준이 없기에 당사자 간의 협상에 의해 구체적인 비율을 정하게 됩니다. 착수금액이 적으면 성공보수 비율을 상대적으로 높게 책정하는 것이 실무상의 관행이며 성공보수 비율은 채권금액이 크면 클수록 낮게 정하는 것이 통상적입니다.

다만, 법률사무소가 〈착수금+성공보수〉형식에 의해 수취하는 수임료 총액은 소송물가액의 30%를 초과하여서는 아니됩니다.

구체적인 법률근거 **변호사 서비스비용 수취 관리방법 제4조, 제13조**

Q6 중국 소송에서 '꽌시'가 그렇게 중요할까요?

A6 실무상에서 한국기업들은 소송업무를 대리할 중국변호사를 선임할 때 관할법원과의 '꽌시'(关系)가 어느 정도로 밀접한지에 대해 큰 관심을 가집니다.

해당 법률사무소에 관할법원에서 근무했던 경력이 있는 고위 법관 출신의 변호사가 재직하여 있으면 수임료가 훨씬 비싸더라도 대개는 이러한 법률사무소를 선정하는 경우가 많습니다.

그런데 '꽌시'가 그렇게 중요할까요?

경우에 따라서 일부 효과를 볼 수도 있겠지만 그렇게 신뢰할 수 있는 버팀목은 아닙니다. 그러한 '꽌시'가 현재도 유지되고 있는지를 확인할 방법도 없을 뿐만 아니라 자칫하면 사기 사건에 휘말릴 가능성도 있으며 운 나빠서 탄로되면 뇌물죄로 형사처벌 받을 가능성도 있습니다.

아울러 현재 중국의 사법 환경은 과거에 비해 투명도가 대폭 높아졌기 때문에 법관도 섣불리 뇌물을 받지 못합니다.

마지막으로 '꽌시'보다 더 중요한 것은 증거입니다. 증거가 없으면 제 아무리 강한 '꽌시'라고 해도 승소할 수 없습니다.

Q7 중국변호사가 특별수권을 요청하는데 그렇게 해도 괜찮을까요?

A7 중국변호사가 대리인의 신분으로 민사소송절차에 참가하기 위해서는 의뢰인이 서명 또는 날인한 위임장을 중국법원에 제출해야 합니다. 위임장의 구체적인 서식은 Q46에 대한 답변 내용을 참조하여 주십시오.

일반적으로 중국변호사가 제공하는 위임장의 서식에는 그 대리 권한을 특별수권으로 기재하는 경우가 대부분인데 '특별수권'이라 함은 의뢰인을 대신하여 다음과 같은 소송업무를 독자적으로 결정하여 처리할 수 있는 권리를 말합니다.

① 소송청구의 승인, 포기 및 변경

② 상대방 당사자와의 화해

③ 반소 또는 상소의 제기

특히 ①, ②는 의뢰인의 권리에 큰 영향을 끼치는 사항이기에 이러한 권한을 중국변호사에게 부여함에 있어서는 각별히 조심할 필요가 있습니다.

과거에 한국기업이나 개인이 직업윤리가 결여된 중국변호사에게 이러한 특별수권을 하였다가 낭패를 본 사례도 있는 것으로 알고 있습니다. 역시 신뢰할 수 있는 중국변호사를 선임하는 것이 관건인 것 같습니다.

구체적인 법률근거 중국 민사소송법 제59조 2항

▪▪▪ 제2절 중국법원에 기소할 수 있는지에 대한 확인

한국기업이 중국기업과 체결한 거래계약으로 인해 분쟁이 발생하여 민사소송을 고려할 경우 제일 먼저 확인하여야 할 사항은 해당 소송을 중국법원에 제기할 수 있는지 여부와 중국법원에 소송을 제기하지 않고 한국법원에 소송을 제기할 경우 초래될 수 있는 불이익이 있는지 여부입니다.

실무상에서 중국기업의 재산은 일반적으로 중국에 소재하고 있어 한국기업이 원고로 되는 채권회수 소송에 있어서 승소 후에 있을 수 있는 집행절차를 고려하면 편의성이나 효율성 차원에서 역시 중국법원을 관할법원으로 선택하는 것이 적절하다고 봅니다.

Q8 중국기업과의 거래계약에 관할법원에 대한 약정이 없을 경우 중국법원에 소송을 제기할 수 있는지?

A8 실무상에서 한국기업과 중국기업 간에 체결한 거래계약에 관할법원에 대한 약정이 없는 경우도 많은데 이러한 거래계약에 관하여 분쟁이 발생하였을 경우 한국기업은 중국법원에서 중국기업을 피고로 소송을 제기할 수 있을까요?

정답은 제기할 수 있습니다.

그 이유는 중국법의 규정에 의하면 계약 분쟁으로 인해 제기하는 소송은 피고 주소지 또는 계약 이행지의 중국법원에서 관할권을 가지기 때문입니다.

구체적인 법률근거 중국 민사소송법 제23조

Q9 중국기업과의 거래계약에 한국법원을 관할법원으로 약정하였을 경우 중국법원에 소송을 제기할 수 있는지?

A9 실무상에서 한국기업과 중국기업 간에 체결한 거래계약에 "이 계약과 관련하여 쌍방 간에 분쟁이 발생한 경우, 한국 서울중앙지방법원을 그 관할법원으로 한다"는 문구를 자주 보게 되는데 이러한 약정이 있을 경우에 거래계약과 관련된 분쟁이 발생하면 한국기업은 중국법원에 소송을 제기할 수 있을까요?

정답은 제기할 수 없습니다.

그 이유는 중국법의 규정에 따르면 국제상거래계약의 당사자는 서면형식으로 피고 소재지, 계약 이행지, 계약 체결지, 원고 소재지, 목적물 소재지 등 해당 분쟁과 실제적으로 관련이 있는 지역의 외국법원을 관할법원으로 선택할 수 있기 때문입니다.

따라서 한국기업과 중국기업 간에 체결된 거래계약에 한국법원을 관할법원으로 약정하였음에도 불구하고 한국기업이 중국법원에 소송을 제기할 경우 중국법원은 해당 소송의 접수를 거절하게 됩니다.

다만, 중국법의 규정에 의해 중국법원이 전속관할권을 가지는 사건은 제외됩니다. 구체적인 내용은 Q38에 대한 답변 내용을 참조하여 주십시오.

구체적인 법률근거 중국 민사소송법 해석 제531조

Q10 중국법원과 한국법원이 모두 관할권이 있는 사건에 있어서 한국기업이 한국법원에 소송을 제기하고 중국기업이 중국법원에 소송을 제기하면 결과는 어떻게 되는지?

A10 한국 A사는 중국 B사와 화장품 수출계약을 체결한 후 약속대로 화장품을 수출하였으나 B사는 화장품 품질에 하자가 있다는 이유로 대금 지급을 거부하였고 수출계약에는 분쟁이 발생하였을 경우의 관할법원에 대한 약정이 없습니다.

그 후 A사는 한국법원에서 B사를 상대로 대금지급 청구소송을 제기하였고 B사도 중국법원에서 A사를 상대로 위약금 지급 청구소송을 제기하였습니다.

위 사례에 있어서 A사가 한국법원으로부터 승소판결을 받을지라도 중국법원에서는 한국법원의 판결을 승인·집행하여 주지 않습니다.

그 이유는 중국법의 규정에 따르면 중국법원과 외국법원이 모두 관할권이 있는 사건에 있어서 당사자 일방이 외국법원에 소송을 제기하고 상대방 당사자가 중국법원에 소송을 제기할 경우 중국법원은 이 사건을 접수할 수 있고, 판결 후 외국법원 또는 당사자가 중국법원에 당해 외국법원의 판결을 승인·집행하여 줄 것을 요청할 경우 중국법원은 이를 수용하지 않기 때문입니다.

다만, 양국 간에 체결한 협정 또는 양국이 공동으로 가입한 국제조약에 별도의 규정이 있을 경우에는 제외되지만 한국과 중국 간에는 이러한 협정이 체결되어 있지도 않고 양국이 공동으로 참가한 국제조약도 없습니다.

구체적인 법률근거 중국 민사소송법 해석 제533조 1항

Q11 중국기업과의 거래계약에 있어서 계약과 실제적인 관련이 없는 지역의 외국법원을 관할법원으로 합의할 수 있는지?

A11 예컨대 한국기업과 중국기업 간에 체결한 거래계약에 있어서 계약 체결지, 계약 이행지 및 계약 목적물의 소재지가 모두 한국이나 중국임에도 불구하고 해당 계약에 관련된 분쟁의 관할법원을 일본법원으로 합의할 수 있을까요?

정답은 이러한 합의는 무효로 될 가능성이 아주 높습니다.

그 이유는 중국법의 관련 규정에 의하면 국제거래계약 또는 기타 재산 권익 분쟁의 당사자는 서면으로 피고 주소지, 원고 주소지, 계약 이행지, 계약 체결지, 목적물 소재지, 권리침해 행위지 등 해당 분쟁과 실제적으로 관련된 지역의 외국법원을 관할법원으로 합의할 수 있지만, 상기 지역 이외의 외국법원을 관할법원으로 합의하는 것에 대해 중국 법원은 무효로 판단하기 때문입니다.

구체적인 법률근거 중국 민사소송법 해석 제531조

Q12 중국 민사소송의 시효는 어떻게 되는지?

A12 중국법의 규정에 의하면 민사소송의 시효는 3년이며, 소송시효는 권리자가 자신의 권리가 침해당한 사실 및 의무자가 누구인 것을 알거나 또는 알아야 하는 날로부터 기산합니다.

다만, 중국법에 별도의 규정이 있을 경우에는 제외됩니다.

예컨대 중국 계약법의 규정에 의하면 국제화물 매매계약 및 기술 수출입계약 분쟁에 관한 민사소송의 시효는 4년입니다.

그밖에, 관련 권리가 손해된 날로부터 20년이 경과하였을 경우 중국 법원은 그 권리를 더 이상 보호하여 주지 않습니다.

구체적인 법률근거 중국 민법총칙 제188조, 중국 계약법 제129조

Q13 어떤 경우에 소송시효가 중단되는지?

A13 중국법의 규정에 의하면 다음과 같은 상황의 하나가 발생하였을 경우 민사소송의 시효는 중단됩니다.

① 권리자가 의무자에게 이행청구를 제출함

② 의무자가 의무 이행에 동의함

③ 권리자가 소송을 제기하거나 중재를 신청함

④ 소송 제기 또는 중재 신청과 동등한 효력을 가진 기타 상황이 발생함

①, ②의 경우에는 해당 의사표시가 상대방에게 도착한 날로부터 소송시효를 다시 계산하게 되며 ③, ④의 경우에는 해당 절차가 종료된 날로부터 소송시효를 다시 계산하게 됩니다.

구체적인 법률근거 중국 민법총칙 제195조

▪▪▪ 제3절 피고 신분 확인

중국법원에 제출하는 소장에는 피고가 중국인일 경우 적어도 이름과 주소를 인적사항으로 기재하고, 피고가 중국기업일 경우 적어도 그 명칭·주소 등 기본정보를 기재하여야 합니다. 상기 인적사항 또는 기본정보를 기재하지 않은 경우 중국법원은 소장 접수를 거절하게 됩니다.

따라서 중국인이나 중국기업을 피고로 하는 소송의 준비단계에 있어서는 소장의 접수 및 순조로운 송달을 위해 피고의 신분에 대한 확인 작업이 필요합니다.

Q14 중국인의 이름과 신분증번호만 알고 있을 경우 그 주소를 확인할 수 있는지?

A14 가능합니다.

중국인의 이름과 신분증번호 또는 신분증번호만 알고 있을 경우에는 중국변호사에게 의뢰하여 공안당국에 해당 중국인의 주소를 포함한 호적등기 사항 조회를 신청할 수 있습니다.

위 조회에 있어서 중국변호사가 제출하여야 하는 서류는 다음과 같습니다.

① 변호사증 원본 및 사본
② 변호사 본인의 신분증
③ 법률사무소 소개장
④ 의뢰인의 위임장
⑤ 의뢰인의 여권 또는 사업자등록증 사본

아울러 공안당국은 그 관할구역 내의 호적 등기정보에 대해서만 조회 서비스를 제공할 수 있습니다.

그밖에, 이름만 알고 있을 경우 중국에는 동성동명인 사람이 너무 많기에 희귀한 이름이 아닌 이상 조회하기 어렵습니다.

Q15 중국인의 여권정보만 알고 있을 경우 그 주소를 확인할 수 있는지?

A15 확인할 수 없습니다.

그 이유는 중국정부가 아직 변호사에게 여권정보에 의한 호적 등기정보 조회 서비스를 제공하지 않고 있기 때문입니다.

실무상에서는 이러한 경우 비공식적인 방법에 의해 해당 중국인의 주소를 확인하고 있는 것으로 알고 있습니다.

따라서 중국인과 계약서를 체결함에 있어서는 그 여권뿐만 아니라 신분증 원본도 확인하고 사본을 남겨두는 것이 향후 진행될 소송에 있어서 피고 신분확인에 도움됩니다.

Q16 중국기업의 명칭만 알고 있을 경우 그 주소를 확인할 수 있는지?

A16 가능합니다.

현재 중국에는 기업의 기본 등기정보를 무료로 조회할 수 있는 다음과 같은 여러 개의 검색 사이트가 있습니다.

- 国家企业信用信息公示系统 (http://www.gsxt.gov.cn)
- 企查查 (www.qcc.com)
- 天眼查 (www.tianyancha.com)

따라서 기업의 명칭만 알면 그 주소, 사업범위, 등록자본금, 법인대표, 이사, 감사, 신용불량 기록 등 기본 등기정보를 간편하게 찾아볼 수 있습니다.

▪▪▪ 제4절 증거 수집 및 정리

한국이나 중국이나 소송의 승패를 가르는 가장 중요한 요소는 증거입니다. 한국기업들이 중국 소송에서 패소한 이유로 중국법원의 자국 기업 편들기를 많이 얘기하고 있지만 사실상 따져 보면 결국 증거가 부족해서 패소한 것이 절대 대부분입니다.

따라서 중국기업에 대한 소송을 고려함에 있어서는 먼저 현재까지 확보된 증거가 충분한지, 불충분할 경우에는 추가로 증거를 확보할 방법이 있는지 여부를 확인하시고, 청구사항 및 시간 순서별로 증거를 논리적으로 정리하여야 합니다.

위 작업을 거친 후 종합적으로 분석한 결과 여전히 증거가 많이 부족하다고 판단되면 소송을 진행하여도 승소할 가능성이 희박하기에 과감히 소송을 포기하는 것이 적절합니다.

Q17 중국 민사소송에서 허용되는 증거의 종류는?

A17 중국법의 규정에 의하면 당사자는 자신의 주장에 대해 입증책임을 부담하게 되며, 허용되는 증거의 종류는 다음과 같습니다.

① **당사자의 진술**

당사자의 일방적인 주장은 유효한 증거로 채용되지 않지만, 당사자가 법정심리 또는 소장·답변서 등 서면자료에 있어서 자신에게 불리한 사실을 명확히 자백하였을 경우 상대방 당사자는 해당 사실에 대한 입증책임을 부담하지 않아도 됩니다.

다만, 법원의 조사에 의해 확인된 사실이 당사자가 자백한 내용과 다를 경우 법원은 해당 자백을 증거로 채용하지 않을 수 있습니다.

② **서증**

민사소송 실무에 있어서 가장 보편적으로 사용되는 증거이며 서증 원본은 개정 심리에 있어서 법관과 상대방 당사자에게 제시하여 확인을 받아야 합니다.

③ **물증**

물증도 원칙적으로는 개정 심리에 있어서 법관과 상대방 당사자에게 원물을 제시하여 확인을 받아야 합니다.

다만, 원물을 제공하는 것이 확실히 어려울 경우에는 복제품·사진 등을 제출할 수도 있습니다(예컨대 대형 기계설비, 부동산).

④ **시청각 자료**

녹음, 동영상 등 시청각 자료에 대해서 법원은 그 진위를 식별하고 기타 증거와 결부하여 사실 인증의 근거로 채용할 수 있는지 여부에 대해 심사·확인합니다.

⑤ **전자데이터**

전자데이터는 이메일, 전자데이터 교환, 온라인 채팅기록, 블로그, 휴대폰 메시지, 전자서명, 도메인 이름 등으로 형성되었거나 또는 전자 매개물에 저장된 정보를 말합니다.

⑥ 증언

증인은 건강상의 원인, 불가항력 등 법률에 규정된 정당한 사유가 있는 경우를 제외하고 법정에 출석하여 증언을 하여야 합니다.

증인 신청은 반드시 사전에 법원에 신청해 허가를 받아야 하며, 법원이 필요하다고 인정할 경우에는 직권에 의해 증인을 소환할 수도 있습니다.

증인의 법정 출석에 필요한 비용과 일당은 해당 증인을 신청한 당사자가 부담해야 합니다.

⑦ 감정의견

당사자는 분쟁과 관련된 전문분야의 사항에 대해 법원에 감정을 신청할 수 있습니다.

법원이 감정을 허가하였을 경우 당사자 쌍방은 협상하여 상응한 자질이 있는 감정인을 선정할 수 있으며, 당사자 쌍방이 어느 감정인을 선정할지에 대해 합의할 수 없을 경우에는 법원에서 감정인을 지정하게 됩니다.

아울러 당사자가 감정을 신청하지 않았지만 법원이 필요하다고 판단할 경우에도 분쟁과 관련된 전문분야의 사항을 감정인에 의뢰하여 감정 받을 수 있습니다.

감정비용은 감정을 신청한 당사자가 부담하게 됩니다.

⑧ 검증조서

법원이 필요하다고 판단할 경우에는 당사자의 신청 또는 직권에 의해 물증 또는 현장에 대한 검증을 진행할 수 있습니다.

검증 절차에 있어서 법원은 감정인을 요청하여 동참할 수 있으며 검증 절차 중에 감정을 진행하도록 요구할 수도 있습니다.

구체적인 법률근거 중국 민사소송법 제63조, 제70조, 제71조, 제73조, 제76조, 제80조
중국 민사소송법 해석 제92조 1항 및 3항, 제103조, 제116조, 제124조

Q18 상대방의 동의 없이 녹음한 대화 내용을 증거로 사용할 수 있는지?

A18 중국 최고법원의 판례에 의하면 상대방이 모르게 녹음한 대화 내용도 민사소송에 있어서 증거로 사용할 수 있습니다.

다만, 타인의 합법적 권익을 심각히 침해하거나 법률의 금지 규정을 위반하거나 공서 양속에 엄중히 위배되는 방법으로 취득한 녹음은 증거로 사용할 수 없습니다.

예컨대 상대방과 전화상으로 나눈 대금 체불에 관한 대화 내용은 증거로 사용할 수 있지만, 상대방의 아파트에 도청 장치를 설치하여 취득한 대화 내용은 증거로 사용할 수 없습니다.

구체적인 법률근거 중국 민사소송법 해석 제106조

Q19 한글 또는 영문으로 된 서증을 증거로 제출할 수 있는지?

A19 중국 민사소송에 있어서 한글, 영문 등 외국어로 작성된 서증은 중문으로 번역하여 중국법원에 제출하여야 합니다. 이는 중국의 사법주권과 관련되기에 반드시 준수해야 하는 사항입니다.

외국어로 된 서증을 중문으로 번역할 때는 다음과 같은 2가지 방법 중의 하나를 선택할 수 있습니다.

① 한국에서 외국어로 된 서증을 중문으로 번역하여 한국 내의 번역 공증을 받아 중국법원에 제출할 수 있습니다. 다만, 신분(예컨대 사업자등록이나 여권)에 관련된 한글 서증은 중문 번역 공증을 진행한 후 주한 중국 영사관에 제출하여 인증 절차도 진행해야 합니다.

② 외국어로 된 서증을 중국법원에서 지정한 중국 내의 번역회사에 의뢰하여 중문으로 번역한 후 중국법원에 제출할 수 있습니다. 위 번역회사는 각 지역의 고급법원에서 지정하기에 사전에 확인할 필요가 있습니다. 번역요금도 회사마다 다르므로 2~3개의 번역회사로부터 견적을 받아 보고 결정하시는 것이 좋습니다.

구체적인 법률근거 중국 민사소송법 제70조 2항
중국 민사소송 증거규정 제16조

Q20 증거 제출 기한은 어떻게 되는지?

A20 증거 제출 기한은 당사자가 합의한 후 법원의 허가를 거쳐 지정할 수 있으나 실무상에서는 일반적으로 법원이 사건을 접수한 후 당사자에게 송달하는 증거 제출통지서에 명확히 기재하게 됩니다.

다만, 보통절차를 적용하는 1심 소송에 있어서 증거 제출 기한은 15일 이상이어야 하며, 2심 소송에서 당사자가 새로운 증거를 제출할 경우의 증거 제출 기한은 10일 이상이어야 합니다.

아울러 개정 전에 담당 법관의 주재 하에 증거교환을 진행할 경우, 증거 제출 기한은 증거교환일에 만료됩니다.

증거 제출 기한이 만료된 후 당사자가 반대증거를 제출하거나 또는 이미 제공한 증거의 출처·형식 등에 존재하는 하자를 보정할 경우 법원은 구체적인 상황을 감안하여 다시 증거 제출 기한을 지정할 수 있습니다.

그밖에, 객관적인 장해로 인해 당사자가 증거 제출 기한 내에 증거를 제출하기 어려울 경우 당사자는 법원에 기한 연장을 신청할 수 있습니다.

구체적인 법률근거 중국 민사소송법 해석 제99조, 제100조
중국 민사소송 증거규정 제51조, 제56조

Q21 증거 제출 기한을 초과하여 증거를 제출할 수 있는지?

A21 당사자가 증거 제출 기한을 초과하여 증거를 제출할 경우 법원은 그 이유를 설명할 것을 명하며, 법원이 당사자가 고의 또는 중대한 과실로 인해 증거 제출 기한을 초과하였다고 판단할 경우에는 해당 증거를 채택하지 않습니다.

다만, 해당 증거가 사건의 기본 사실에 관련된 증거라고 판단할 경우 법원은 응당 이를 채택하여야 하지만 당사자에 대해 훈계 또는 과태료 처분을 부과하게 됩니다.

아울러 당사자가 증거 제출 기한을 초과하여 증거를 제출한 행위가 고의 또는 중대한 과실에 인한 것이 아닐 경우 법원은 응당 이를 채택하여야 하지만 당사자를 훈계하게 됩니다.

그러나 실무상에서는 법정변론이 끝난 후 당사자가 새로운 증거를 제출할 경우, 법원은 일반적으로 이를 채택하지 않기에 증거는 가능한 제출 기한 내에 제출하는 것이 안전합니다.

구체적인 법률근거 중국 민사소송법 해석 제101조, 제102조

Q22 중요한 증거를 상대방 당사자가 보관하고 있을 경우의 대처 방법은?

A22 한국기업이 중국기업을 상대로 소송을 제기하려고 하는데 중요한 증거를 중국기업이 보관하고 있을 경우에는 어떻게 대처하면 될까요?

법원에 소송 전 증거보전을 신청하여 해당 증거를 확보하는 방법을 고려해 볼 수 있습니다.

중국법의 규정에 의하면 상황이 긴급하여 증거가 인멸될 가능성이 있거나 이후에 취득하기 어려운 경우 이해관계자는 소송을 제기하기 전에 증거 소재지, 피신청인 소재지 또는 사건에 대해 관할권이 있는 지역의 법원에 증거보전을 신청할 수 있습니다.

어떠한 경우가 "상황이 긴급하여 증거가 인멸될 가능성이 있거나 이후에 취득하기 어려운 경우"에 해당하는지에 대해서는 담당 법관이 재량권에 의해 판단하게 됩니다. 증거보전 신청서에는 보전이 필요한 증거의 기본상황, 보전을 신청하는 이유 및 어떠한 보전조치를 취할 것을 요청하는지 등 사항을 기재하여야 합니다.

법원은 보전신청 내용과 사건의 구체적인 상황을 종합적으로 감안하여 봉인·압류·녹음·녹화·복제·감정·검증 등 방식에 의해 증거 보전조치를 취하게 되며, 신청인이 봉인·압류 등 보전 목적물의 사용·유통을 제한하는 보전조치를 신청하였거나 또는 보전조치가 증거 소유인에 대해 손실을 초래할 가능성이 있을 경우, 법원은 신청인에 대해 상응한 담보 제공을 명할 수 있으며 구체적인 담보금액은 담당 법관이 보전 목적물의 가치, 소송물가액, 보전조치가 증거 소유인에 대해 끼치는 영향 등 요소를 종합적으로 고려하여 재량권에 의해 확정합니다.

아울러 중국법에 따르면 법원은 증거보전 신청서를 접수한 후 48시간 내에 증거보전 여부에 대한 결정을 내려야 하지만 실무상에서는 이보다 훨씬 많은 시간이 걸리는 경우도 적지 않게 존재합니다.

그밖에, 법원이 증거보전 조치를 취한 후 30일 내에 신청인이 소송을 제기하지 않으면 법원은 증거보전 조치를 해제하게 됩니다.

구체적인 법률근거 중국 민사소송법 제81조
중국 민사소송 증거규정 제25조, 제26조, 제27조

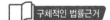

Q23 한국에서 형성된 증거는 모두 공증, 인증이 필요한지?

A23 중국에서 한 번이라도 민사소송을 진행해본 한국 분들은 증거 제출 절차에 있어서 중국법원의 까다로운 요구 사항에 엄청 스트레스를 받았을 것입니다.

왜냐하면 지금까지 중국법원은 민사소송에 있어서 제출된 증거가 중국 이외의 지역에서 형성되었을 경우에는, 해당 증거가 공문서이든지 사업자등록증이든 일반 서류이든 반드시 해당 증거 소재국 공증기관의 공증을 받음과 동시에 중국 영사관의 인증을 받아야 한다고 요구하였기 때문입니다.

예컨대 한국 A사가 중국 B사를 상대로 중국법원에 제품 대금 지급 청구소송을 제기할 경우, A사가 중국법원에 제출하는 제품 매매계약, 수출신고 필증, 쌍방 간에 주고받은 전자메일, 사업자등록증 등 증거 서류는 모두 한국에서 공증인허가 로펌의 공증을 받고 중국 영사관의 인증을 받을 필요가 있었으며, 그렇지 않을 경우에는 증거 형식의 하자를 이유로 중국법원이 그 증거 효력을 인정하여 주지 않았습니다.

그런데 상기 증거의 공증, 인증 절차 근거법으로 되는 중국 민사소송 증거규정이 2020년 5월 1일부터 개정되어 관련 규정이 크게 변경되었으며 구체적으로 다음과 같습니다.

1. **중국 이외의 지역에서 형성된 공문서에 대해서는 소재국 공증기관의 공증만 받으면 됨**
   예컨대 A사가 중국법원에 제출하는 수출신고 필증은 한국에서 공증만 받으면 됩니다.

2. **중국 이외의 지역에서 형성된 신분관계에 관련된 증거는 소재국 공증기관의 공증을 받음과 동시에 중국대사관의 인증을 받아야 함**
   예컨대 A사의 사업자등록증 사본을 중국법원에 제출할 경우에는 여전히 한국에서 공증인허가 로펌의 공증을 받고, 중국 영사관의 인증을 받을 필요가 있습니다.

3. 중국 이외의 지역에서 형성된 기타 증거는 공증, 인증을 받지 않고도 직접 중국법원에 증거로 제출할 수 있음

예컨대 A사가 중국법원에 제출하는 제품 매매계약서, A사와 B사 간에 주고받은 전자메일 등 증거에 대해서는 공증, 인증 절차를 거치지 않아도 됩니다.

중국 민사소송 증거에 관한 위 법률 개정으로 인해 향후 한국기업이 중국에서 진행하는 민사소송은 절차상에서 간편해짐과 동시에 소송비용도 많이 절약할 수 있을 것으로 전망됩니다.

구체적인 법률근거 중국 민사소송 증거규정 제16조

Q24 소송당사자가 입증하지 않아도 되는 사실은 어떤 것인지?

A24 중국 민사소송에 있어서 당사자는 다음과 같은 사실에 대해서는 입증책임을 부담하지 않아도 됩니다.

① 자연법칙, 정리(定理), 정률(定律)
② 주지하고 있는 사실
③ 법률규정에 의해 추정한 사실
④ 이미 알고 있는 사실과 일상생활 경험법칙에 의해 추정된 다른 사실
⑤ 중재기구의 확정 결정에 의해 확인된 사실
⑥ 확정판결에 의해 확인된 기본 사실
⑦ 효력을 발생한 공증문서에 의해 증명된 사실

다만, ②~⑦에 대해서 이를 반박하거나 번복할 수 있는 충분한 증거가 있을 경우는 제외됩니다.

구체적인 법률근거 중국 민사소송 증거규정 제10조

▪▪▪ 제5절 재산 조사 및 가압류, 가처분

중국 채권회수 소송에서 100% 승소하였다 해도 중국기업에 집행할 수 있는 재산이 없으면 소송은 변호사 수임료와 인지대나 낭비할 뿐이고 한국기업에 대해서는 아무런 의미도 없게 됩니다.

따라서 재무상황이 불안한 회사 또는 중소기업을 상대로 소송을 제기할 경우에는 먼저 가능한 범위 내에서 그 재산 상황을 체크하고 승소한 후 집행하기 쉬운 재산, 예컨대 은행 예금, 채권 등에 대한 가압류, 가처분 조치를 취하여 둘 필요가 있습니다.

물론 상대방이 상장회사 또는 규모가 큰 국유기업이고 한국기업이 청구하는 채권을 충분히 이행할 수 있는 능력이 있다고 판단될 경우는 굳이 비용을 지불하면서까지 가압류나 가처분 조치를 취할 필요는 없습니다.

Q25 소송 전에 중국기업의 구체적인 재산 정보를 조사할 수 있는지?

A25 조사할 수 없습니다.

중국법원으로부터 확정판결을 받아 강제집행 절차에 들어가면 법원의 집행부서에 신청하여 중국기업의 예금, 부동산, 차량, 주식 등 재산 정보를 공식적으로 조회할 수는 있으나 소송 전이나 소송 중에 법원에 중국기업에 대한 재산조회는 신청할 수 없습니다.

실무상에서는 신용 정보업체에 의뢰하여 중국기업에 대한 신용조사 보고서를 제공받아 그 대체적인 경영상황을 파악하고 소송 제기 여부를 결정하는 경우도 있습니다.

다만, 신용조사 보고서는 일반적으로 법원에 유효한 증거로 제출할 수는 없습니다.

Q26 소송 전에 중국기업의 재산에 대한 가압류는 가능한지?

A26 가능합니다.

중국법의 규정에 의하면 이해관계자는 사정이 긴급하여 즉시 가압류(중문 직역은 "재산보전") 신청을 제기하지 않으면 그 합법적 권익이 보완할 수 없는 손실을 받게 될 경우에는 소송을 제기하기 전에 해당 재산 소재지의 법원 또는 사건에 대해 관할권이 있는 법원에 가압류를 신청할 수 있습니다.

가압류를 신청함에 있어서는 가압류 신청 금액에 상당한 담보를 제공하여야 하며, 법원은 가압류조치 신청을 접수한 후 48시간 내에 허가 여부를 결정하게 됩니다. 과거에 담보금은 전부 현금으로 공탁해야 하였기에 채권자의 부담이 컸지만 현재는 중국에서도 한국의 보증보험증권과 비슷한 제도가 있어 담보 제공이 훨씬 편하게 되었습니다.

법원이 가압류 조치를 취한 후 신청인이 30일 내에 소송 또는 중재를 제기하지 않을 경우 법원은 해당 재산에 대한 가압류를 해제하게 됩니다.

실무상에서 중국법원은 소송 전의 가압류가 아니라 소장을 접수함과 동시에 원고의 가압류 신청을 접수하여 허가 결정을 내리고 해당 재산에 대한 가압류 조치를 취한 후 피고에게 소장을 송달하는 방식을 많이 채용하고 있습니다.

즉 소송 전의 가압류가 아니라 소송 중의 가압류를 많이 허용하지만 소장을 피고에게 송달하기 전에 해당 재산에 대한 가압류 조치를 취하는 방법으로 소송 전의 가압류와 같은 효과를 달성하고 있습니다.

아울러 원고는 소송 절차 진행 중에도 피고의 재산에 대한 가압류 신청을 할 수 있으며, 이러한 경우에 있어서도 원고는 담보를 제공하여야 합니다.

구체적인 법률근거 중국 민사소송법 제100조, 제101조
중국 민사소송법 해석 제152조

Q27 중국기업이 제3자에 대해 보유하고 있는 채권에 대해 가처분 조치를 취할 수 있는지?

A27 가능합니다.

중국법의 규정에 따르면 채무자의 재산만으로는 채권자의 보전 신청을 만족시킬 수 없으나 채무자가 제3자에 대해 기한이 만료된 채권을 보유하고 있을 경우, 법원은 채권자의 신청에 의해 제3자가 채무자에 부담하고 있는 채권을 채무자에게 변제하는 것을 금지하는 가처분 결정을 내릴 수 있습니다. 제3자가 관련 채무의 변제를 요청할 경우, 법원은 해당 제품 또는 대금을 공탁하게 됩니다.

다만, 채권자가 본안 소송에서 승소하였다 하더라도 제3자가 채권자를 상대로 채무인에 대한 항변권을 행사할 경우 채권자는 가처분된 채권을 집행 받지 못할 리스크가 존재합니다.

아울러 가처분을 신청함에 있어서도 담보를 제공하여야 하며, 법원은 가처분 신청을 접수한 후 48시간 내에 허가 여부를 결정하게 됩니다. 담보금액은 법원이 재량권에 의해 결정하지만 가압류의 경우와 마찬가지로 한국의 보증보험증권과 비슷한 제도를 이용할 수 있습니다.

그밖에, 법원이 가처분 조치를 취한 후 채권자가 30일 내에 소송 또는 중재를 제기하지 않으면 법원은 해당 가처분 조치를 해제하게 됩니다.

참고로 원고는 소송 절차 진행 중에도 피고가 제3자에 대해 보유하고 있는 채권에 대한 가처분을 신청할 수 있으며, 이러한 경우에 있어서도 원고는 담보를 제공할 의무가 있습니다.

구체적인 법률근거 중국 민사소송법 제100조, 제101조
중국 민사소송법 해석 제152조, 제159조

Q28 담보권이 설정되어 있는 재산에 대해 가압류 조치를 취하는 것은 가능한지?

A28 가능합니다.

중국법의 규정에 따르면 소송 전 또는 소송 중에 있어서 채권자는 저당권, 질권, 유치권 등 담보권이 설정되어 있는 채무자의 재산에 대한 가압류를 법원에 신청할 수 있습니다. 이러한 경우에 있어서도 채권자는 상응한 담보를 제공하여야 합니다.

다만, 상기 가압류는 담보권자가 향유하고 있는 우선 변제권에는 영향을 끼치지 않습니다.

구체적인 법률근거 중국 민사소송법 제100조, 제101조
중국 민사소송법 해석 제152조, 제157조

Q29 이미 가압류가 되어 있는 재산에 대해 중복적으로 가압류를 할 수 있는지?

A29 중복적으로 가압류를 할 수 없습니다.

다만, 이미 가압류가 되어 있는 재산의 가치가 가압류금액을 초과할 경우에는 초과된 부분에 대해서 중국법원에 별도의 가압류 신청을 제기할 수 있습니다.

예컨대 중국법원이 A사의 신청에 의해 B사의 예금을 동결하였으나 A사가 신청한 가압류금액은 100만 위안이고 B사의 예금 잔고는 300만 위안일 경우, B사에 대해 별도의 채권회수 소송을 제기하는 C사는 나머지 200만 위안의 부분에 대해 중국법원에 가압류를 신청할 수 있습니다.

구체적인 법률근거 중국 민사소송법 제103조 2항

Q30 가압류 비용 기준은 어떻게 되는지?

A30 원고가 중국법원에 피고의 재산에 대한 가압류를 신청할 경우, 중국법원이 수취하는 가압류 비용 기준은 다음과 같습니다.

가압류 금액	가압류 비용
1,000위안 이하 부분	30위안
1,000위안 초과 10만 위안 이하 부분	1.0%
10만 위안 초과 부분	0.5%

※ 다만, 중국법원이 수취하는 가압류 비용은 최다로 5,000위안을 초과하지 아니합니다.

예컨대 신청한 가압류 금액이 60만 위안(한화 약 1억 원)일 경우, 중국법원에 납부하여야 하는 가압류 비용은 다음과 같습니다.

30위안+(99,000위안×1.0%)+(50만 위안×0.5%)=3,520위안

구체적인 법률근거 소송비용 납부 방법 제14조

제2장

관할법원 선택

제2장

관할법원 선택

소송은 총성 없는 전쟁입니다. 2차 세계대전 때 연합군이 노르망디로 상륙하는지 아니면 칼레로 상륙하는지에 따라서 전쟁의 진척 또는 승패가 많이 달라졌을 것입니다. 소송도 어느 관할법원에서 진행하는지에 따라 그 과정이나 승패가 크게 달라질 가능성이 높습니다.

한국기업이 중국에서 채권회수 소송을 진행함에 있어 관할법원을 선택할 여지가 있을 경우에는 가능한 상대방 소재지의 법원을 관할법원으로 선택하지 않는 것이 대원칙입니다. 또한 경제발전 수준이 많이 뒤떨어지거나 행정 서비스의 질이 낮은 중국 내륙이나 서부 지역의 법원도 가능한 관할법원의 선택지에서 배제하는 것이 좋습니다.

어느 지역의 법원을 관할법원으로 하면 적절할지에 대해서도 중국변호사의 의견을 들어보고 최종 판단을 내리는 것이 바람직하겠지만 당사자인 한국기업의 입장에서는 적어도 관할법원 선택이 중국 채권회수 소송에 미치는 중대한 영향에 대해서는 미리 알아 둘 필요가 있다고 봅니다.

Q31 중국법원의 심급은 어떻게 되는지?

A31 중국법원의 기본체계는 기층법원, 중급법원, 고급법원 및 최고법원 등 4개 등급으로 분류되어 있습니다. 또한 한국법원은 '3급 3심제'이지만 중국법원은 '4급 2심제'를 채택하고 있습니다.

현재 중국 대륙지역에는 총 3,000여 개의 기층법원, 300여 개의 중급법원, 31개의 고급법원 및 1개의 최고법원이 설치되어 있습니다.

최고법원은 베이징에 소재하여 있으며, 현재 선전, 선양, 난징, 정저우, 충칭, 시안 등 도시에 6개의 순회법정을 설치하고 있습니다. 순회법정의 판결은 최고법원의 판결로 간주합니다.

베이징시의 경우 16개의 기층법원, 4개의 중급법원, 1개의 고급법원이 설치되어 있으며, 한인 타운으로 유명한 왕징(望京) 지역은 베이징시 조양구 법원(기층법원)의 관할 하에 있습니다.

한국기업이 베이징시 조양구(朝阳区)에 소재하여 있는 중국기업을 상대로 제품대금 청구에 관한 민사소송을 제기할 경우 소송물가액이 다름에 따라 그 1심 관할법원도 다르며 구체적으로 다음과 같습니다.

소송물가액이 2,000만 위안 미만일 경우 1심 관할법원은 조양구 법원이며, 동 법원의 판결에 불복할 경우에는 베이징시 제3중급법원에 항소할 수 있습니다.

소송물가액이 2,000만 위안 이상 50억 위안 미만일 경우 1심 관할법원은 베이징시 제3중급법원이며, 동 법원의 판결에 불복할 경우에는 베이징시 고급법원에 항소할 수 있습니다.

소송물가액이 50억 위안 이상일 경우 1심 관할법원은 베이징시 고급법원이며, 동 법원의 판결에 불복할 경우에는 최고법원에 항소할 수 있습니다.

그밖에, 중국은 지역별로 법원의 1심 관할권에 대한 소송물가액 기준이 부동할 뿐만 아니라 그 기준도 자주 변경되기에 구체적인 사안별로 반드시 소장 제출 전에 관할법원을 미리 확인할 필요가 있습니다.

구체적인 법률근거 중국 민사소송법 제17조, 제18조, 제19조, 제20조

Q32 중국기업이 대금을 지급하지 않을 경우에는 어느 중국법원에 소송을 제기하여야 하는지?

A32 한국 A사가 중국 베이징시에 소재하여 있는 B사에 제품을 수출하였는데 B사는 차일피일 미루면서 대금을 지급하지 않고 있으며, 제품 매매계약에는 중재합의도 없고 관할법원에 대한 약정도 없습니다. 상술한 경우 A사는 중국의 어느 법원에 소송을 제기하여야 할까요?

정답은 피고로 되는 B사 소재지의 법원, 즉 베이징시 법원입니다.

위 거래에 있어서 중국 상하이시에 소재하여 있는 C사가 B사의 제품대금 지급에 대해 연대보증책임을 약속하였을 경우, A사는 베이징시 또는 상하이시의 법원을 관할법원으로 하여 B사와 C사를 공동피고로 소송을 제기할 수 있습니다. 물론 구체적인 법원의 선택에 있어서는 소송물가액에 따라 기층법원, 중급법원 등 심급을 확정하여야 합니다.

아울러 위 거래에 있어서 납품장소, 즉 계약이행지가 광둥성 선전시일 경우 A사는 선전시의 법원을 관할법원으로 하여 이 소송을 제기할 수도 있습니다.

구체적인 법률근거 중국 민사소송법 제21조, 제23조

Q33 중국기업과의 거래계약에 있어서 관할법원에 대해 당사자 간에 합의할 수 있는지?

A33 중국법의 규정에 의하면 계약 또는 기타 재산권익에 관한 분쟁에 있어서 당사자는 피고 소재지, 계약 이행지, 계약 체결지, 원고 소재지, 목적물의 소재지 등 분쟁과 실제 관련이 있는 지역의 법원을 서면으로 합의하여 관할법원으로 지정할 수 있습니다.

예컨대 베이징시 조양구 소재 한국 현지법인 A사가 상하이 소재 B사와 제품 매매계약을 체결할 경우에 있어서 해당 제품의 납품지는 톈진이고, 계약 체결지는 선전일 경우, 쌍방은 제품 매매계약에 베이징, 상하이, 톈진 또는 선전 중의 하나 또는 여러 개 지역의 법원을 관할법원으로 합의할 수 있습니다.

다만, 관할법원에 대한 이러한 합의는 심급관할 및 전속관할에 관한 규정을 위반하여서는 아니됩니다.

예컨대 베이징시의 법원을 관할법원으로 선택함에 있어서 소송물가액이 1억 위안임에도 불구하고 조양구 법원(기층법원)을 관할법원으로 선택하면 이러한 합의는 무효입니다.

그밖에, 거래계약에는 관할법원에 대한 약정이 없지만 분쟁이 발생하여 소송을 제기하기 전에 당사자 간에 서면으로 관할법원을 합의하였을 경우에도 유효합니다.

구체적인 법률근거 중국 민사소송법 제34조
중국 민사소송법 해석 제29조

Q34 계약 이행지의 법원을 관할법원으로 합의하였지만 계약 이행지가 불명확할 경우에는 어떻게 처리하는지?

A34 중국법의 규정에 의하면 계약 이행지에 대한 약정이 없거나 약정이 불명확할 경우에는 분쟁의 목적물이 대금 지급이면 대금을 지급 받는 당사자의 소재지를 계약 이행지로, 부동산 인도이면 부동산 소재지를 계약 이행지로, 기타 목적물이면 계약의무 이행자의 소재지를 계약 이행지로 판단하게 됩니다.

예컨대 베이징시 조양구 소재 한국 현지법인 A사가 상하이 소재 B사에게 제품을 공급함에 있어서 계약 이행지의 법원을 관할법원으로 합의하였습니다. 그 후 B사가 대금을 체불하였으나 계약 이행지가 불명확할 경우에는 A사 소재지인 베이징시 조양구를 계약 이행지로 판단하여 A사는 베이징시 조양구 법원에 대금지급 청구 소송을 제기할 수 있습니다.

그밖에, 거래계약에는 계약 이행지의 법원을 관할법원으로 합의하였으나 실제로 계약을 이행하지 않았고 또한 해당 계약에 관하여 분쟁이 발생한 상황 하에서 당사자 쌍방의 소재지가 모두 계약 이행지에 있지 않을 경우에는 피고 소재지의 법원이 해당 소송에 대한 관할권을 가지게 됩니다.

구체적인 법률근거 중국 민사소송법 해석 제28조

Q35 계약에는 당사자 일방 소재지의 법원을 관할법원으로 합의하였으나 계약 체결 후 당사자의 소재지가 변경되었을 경우에는 어떻게 처리하는지?

A35 중국법의 규정에 따르면 거래계약에 당사자 일방 주소지의 법원을 관할법원으로 약정하였으나 계약 체결 후 그 주소지가 변경되었을 경우에는 여전히 원 주소지의 법원이 해당 계약 관련 소송에 대한 관할권을 가지게 됩니다.

예컨대 베이징시 조양구 소재 한국 현지법인 A사가 상하이 소재 B사에게 제품을 공급함에 있어서 A사 소재지의 법원을 관할법원으로 합의하였지만, 계약 체결 후 A사의 주소지는 베이징시 동성구로 변경되었습니다. 이러한 상황 하에서 B사가 대금을 체불함으로 인해 A사가 소송을 제기할 경우 관할법원은 여전히 베이징시 조양구 법원입니다.

다만, 당사자 간에 주소지 변경과 관할법원의 관계에 대해 별도의 약정이 있을 경우, 위 법률규정은 적용되지 않습니다.

그밖에, 법원에서 소송을 접수한 후에 발생한 당사자 주소지의 변경은 관할권에 영향을 끼치지 않습니다.

구체적인 법률근거 중국 민사소송법 해석 제32조, 제37조

Q36 합자회사의 이윤배당에 관하여 분쟁이 발생하였을 경우에는 어느 법원에 소송을 제기하는지?

A36 중국법의 규정에 따르면 회사의 이윤배당 관련 분쟁으로 인해 소송을 제기할 경우에는 회사 소재지의 법원이 관할권을 가지게 됩니다.

그밖에 회사설립, 주주자격 확인, 변경등기, 주주의 알 권리, 주주회 의결, 합병, 분할, 감자(减资), 증자(增资), 해산 등에 관련된 분쟁으로 인해 제기하는 소송도 회사 소재지의 법원이 관할권을 가집니다.

구체적인 법률근거 중국 민사소송법 제26조
중국 민사소송법 해석 제22조

Q37 부동산분쟁에 있어서 피고 소재지 법원에 소송을 제기할 수 있는지?

A37 중국법의 규정에 의하면 부동산 임대계약, 부동산 매매계약, 건축시공계약 등 부동산 분쟁으로 인하여 제기하는 소송은 부동산 소재지 법원이 전속관할권을 가지게 됩니다.

따라서 피고의 소재지와 부동산 소재지가 동일한 지역일 경우에는 피고 소재지의 법원에 소송을 제기할 수 있지만 그렇지 않을 경우에는 반드시 부동산 소재지의 법원에 소송을 제기하여야 합니다.

다만, 중국 최고법원의 판례에 따르면 부동산 공동개발계약 관련 분쟁으로 인해 제기된 소송은 위 전속관할의 규제를 받지 않습니다.

구체적인 법률근거 중국 민사소송법 제33조
중국 민사소송법 해석 제28조

Q38 합자계약 분쟁 관련 소송의 관할법원을 한국법원으로 합의할 수 있는지?

A38 실무상에서 한국기업이 중국기업과 체결한 중국 합자계약서에 관련 분쟁의 관할법원을 한국 서울중앙지방법원으로 약정한 경우도 가끔 있었습니다.

그러나 중국법의 규정에 의하면 중국 투자자와 외국 투자자 간에 체결된 합자계약, 합작계약 및 자연자원 탐사·개발 계약을 중국 대륙지역에서 이행하는 과정에 발생한 분쟁에 대해 소송을 제기할 경우에는 중국법원이 전속관할권을 가지게 됩니다.

따라서 합자계약 분쟁 관련 소송의 관할법원을 한국법원으로 합의하는 것은 중국법상 무효입니다.

구체적인 법률근거 중국 민사소송법 제266조

Q39 중국에 재산이 있는 외국기업을 상대로 중국법원에 소송을 제기할 수 있는지?

A39 한국 A사는 미국 B사와 수출계약서를 체결한 후 B사에 설비를 수출하였는데 B사는 계약서의 약정대로 대금을 지급하지 않았습니다. 수출계약서는 분쟁 관할법원 또는 중재기관에 대한 약정이 없고 B사는 중국 상하이에 100% 자회사가 있습니다.

즉 B사는 중국에 주소가 없지만 자산이 있습니다. 이러한 경우 A사는 중국 상하이 법원에서 B사를 피고로 소송을 제기할 수 있을까요?

제기할 수 있습니다.

중국법의 규정에 의하면 계약 분쟁 또는 기타 재산권익 분쟁으로 인해 중국 경내에 주소지가 없는 피고에 대해 소송을 제기할 경우 해당 계약이 중국 경내에서 체결 혹은 이행되었거나 또는 소송목적물이 중국 경내에 있거나 또는 중국 경내에 압류할 수 있는 피고의 재산이 있거나 또는 피고가 중국 경내에 대표기구를 설치하였을 경우, 해당 소송은 계약 체결지, 계약 이행지, 소송목적물의 소재지, 압류할 수 있는 재산 소재지, 권리침해 행위지 또는 대표기구 주소지의 법원에서 관할할 수 있습니다.

구체적인 법률근거 중국 민사소송법 제265조

Q40 중국기업에 특허사용료를 청구하는 소송의 관할법원은 어떻게 되는지?

A40 지식재산권 관련 분쟁은 상대적으로 복잡하고 법률지식뿐만 아니라 기술에 대한 이해도 필요하기에 현재 중국은 최고법원 내부에 전문적인 지식재산권법정을 설치하여 전국의 지식재산권 사건 재판 기준을 통일하고 지식재산권에 대한 보호를 강화함과 동시에 베이징, 상하이, 광저우에 3개의 지식재산권법원, 기타 21개 주요 대도시의 중급법원 내부에 지식재산권법정을 설치하여 지식재산권 관련 소송을 집중적으로 관할하고 있습니다.

따라서 각 지역마다 지식재산권 소송의 관할 시스템은 일반적인 민사소송에 비해 현저히 다릅니다.

예컨대 한국 A사가 베이징시 조양구에 소재하여 있는 B사를 피고로 베이징시에서 특허사용료 청구 소송을 제기할 경우에는 조양구 법원이 아니라 베이징 지식재산권법원에 소장을 제출해야 하며, B사가 산둥성 웨이하이시에 소재하여 있을 경우에는 웨이하이시 법원이 아니라 칭다오시 중급법원 내부에 설치되어 있는 지식재산권법정에 소장을 제출해야 합니다.

또한 요즘 중국에서는 지식재산권 소송의 관할법원이 소송물가액이나 사건의 종류에 따라 자주 바뀌기에 소장을 제출하기 전에 반드시 미리 확인할 필요가 있다는 점을 유의하여 주십시오.

Q41 중국 소송에서 관할법원 선정이 중요한 이유는?

A41 **첫째,** 관할법원을 잘못 선택하여 소장을 접수시켰을 경우에는 피고 측에서 관할권 이의를 제출할 수 있고 해당 사건은 최종적으로 관할권이 있는 법원으로 이송되는 데 이 절차는 상당히 긴 시간이 걸립니다. 한시라도 시급히 채권을 회수하고 싶은 원고 측의 입장에서는 최대한 이런 사태가 발생하는 것을 회피하여야 합니다.

둘째, 원고 소재지의 법원 또는 원고 소재지와 가까운 지역의 법원을 관할법원으로 하면 많은 시간과 비용을 절약할 수 있습니다. 아무리 간단한 소송이라도 1심 절차에 있어서 적어도 3~4회 정도는 법원에 가야 하는데 중국은 땅이 넓어서 이동에 많은 시간이 걸리고 교통비용도 만만치 않습니다.

셋째, 시진핑 정권의 지속적이면서도 강도 높은 반부패 운동으로 인해 중국법원의 재판은 과거에 비해 그 공정성 및 투명도가 대폭적으로 제고되었습니다. 하지만 중국은 한국과 달리 절대 대부분의 법관들이 한 평생 한 지역에서 근무하기에 어찌할 수 없이 현지 사회와 여러모로 깊숙한 유착관계가 이루어져 있습니다. 따라서 중국에서의 소송은 베이징, 상하이, 광저우, 선전 등 특대도시와 연해 지역의 대도시를 제외하고 관할법원의 선택에 있어서 가능한 피고 소재지의 법원을 피하는 것이 바람직하다고 봅니다.

제3장

소송 서류 작성

제3장
소송 서류 작성

좋은 소송 서류를 작성하기 위해서는 풍부한 소송 경험과 법률 노하우가 필요합니다. 특히 소장 작성에 있어서 여러모로 주의가 필요한 사항이 있습니다. 너무 상세한 소장의 작성은 금물입니다. 소장은 간단명료하게 작성하여 자신의 주장을 법관에게 명확히 전달함과 동시에 불리한 사실을 자백하는 결과로 되지 않도록 새삼 주의하여야 하며 피고가 반대증거를 제출하였을 경우에 대응할 수 있는 어느 정도의 여유도 남겨 두어야 합니다.

Q42 중국법원에 소송을 제기할 경우에는 어떤 서류가 필요한지?

A42 한국기업이 중국법원에 소송을 제기할 경우에는 다음과 같은 서류가 필요합니다.

순번	서류명칭	원본/사본	부수	비고
1	소장	원본	1	피고의 인수에 상응한 사본을 추가로 제출하여야 함
2	증거목록	원본	1	피고의 인수에 상응한 사본을 추가로 제출하여야 함
3	증거	사본	1	피고의 인수에 상응한 사본을 추가로 제출하여야 함
4	변호사 위임장	원본	1	한국에서 공증, 인증하여야 함
5	법인대표 신분증명서	원본	1	한국에서 공증, 인증하여야 함
6	법인대표 여권	사본	1	한국에서 공증, 인증하여야 함
7	사업자등록증	사본	1	한국에서 공증, 인증하여야 함
8	법률사무소 소개장	원본	1	소송업무를 수임한 중국 법률사무소에서 발행하여야 함
7	변호사 집업증	사본	1	소송업무를 담당하게 되는 중국 변호사가 제공하여야 함

참고로 한국기업과 중국 법률사무소 간에 체결하는 수임계약서는 중국법원에 제출할 필요가 없습니다.

그밖에, 원고가 한국 자연인일 경우에는 5, 6, 7번 서류는 제출할 필요가 없고 그 대신 본인의 여권 사본을 한국에서 공증, 인증하여 1부 제출하면 됩니다.

Q43 소장은 어떻게 작성하여야 하는지?

A43 중국 민사소송에 있어서 중국법원에 제출하는 소장에는 다음과 같은 사항을 기재하여야 합니다.

① **원고 관련 사항**

- 원고가 자연인일 경우 : 이름, 성별, 연령, 민족, 직업, 근무처, 주소, 연락처
- 원고가 회사일 경우 : 명칭, 주소, 법인대표의 이름, 직무, 연락처

② **피고 관련 사항**

- 피고가 자연인일 경우 : 이름, 성별, 근무처, 주소
- 피고가 회사일 경우 : 명칭, 주소

③ **소송청구 및 근거한 사실과 이유**

④ **증거 및 증거의 출처, 증인 이름과 주소**

구체적인 법률근거 중국 민사소송법 제121조

예시

소장

원고 : 광화문 주식회사
주소 : 한국 서울시 마포구 마포대로 1000호
법인대표 : 홍길동　　직무 : 대표이사
전화번호 : +82-2-69590780

피고 : 베이징 대성무역유한회사
주소 : 중국 베이징시 조양구 왕징대로 118호
법인대표 : 왕중화　　직무 : 동사장

소송청구 :
1. 피고는 원고에게 제품대금 100만 달러를 지급하라.
2. 피고는 원고에게 위약금 10만 달러(잠정적으로 2019년10월1일까지 계산함)를 지급하라.
3. 피고는 원고가 납부한 본건 소송의 인지대를 부담하라.

사실과 이유 :

2019년 2월 1일 원고와 피고는 자동차 부품 매매계약을 체결하였다. 매매계약의 규정에 따르면 원고는 2019년 3월 1일까지 피고에게 2만 개의 자동차 부품을 납품하여야 하고, 피고는 자동차 부품을 납품 받은 후 1개월 이내에 원고에게 100만 달러의 대금을 지급하여야 하며, 피고가 위 대금 지급을 지체할 경우에는 연리 20%의 기준에 따라 원고에게 위약금을 지불하여야 한다.

매매계약 체결 후 원고는 약정에 따라 2019년 3월 1일까지 2만 개의 자동차 부품을 납품하였으나 피고는 정당한 이유 없이 대금 지급의무를 이행하지 않고 있다.

따라서 원고는 귀 법원에 피고가 원고에게 모든 대금 및 위약금을 지불하고 원고가 납부한 본건 소송의 인지대를 부담할 것을 명하는 취지의 판결을 청구한다.

베이징시 조양구 법원 귀중

원고: 광화문 주식회사
대리인: 한영호 (서명)
일자: 2019년 11월 1일

Q44 증거목록은 어떻게 작성하여야 하는지?

A44 증거목록에는 증거번호, 증거명칭, 출처, 증명사항, 원본 유무, 페이지 수 등 내용을 법관이 알아보기 쉽도록 일사불란하게 기재할 필요가 있습니다.

실무상에서 변호사가 증거목록을 대충 작성하여 법정에서 담당 법관의 꾸지람을 듣는 경우도 가끔 보게 되는데 이는 소송의 처음 단계에서부터 법관에게 어수선한 인상을 남겨주어 소송의 결과에도 영향을 끼칠 수 있습니다.

예시

순번	증거명칭	출처	증명사항	원본유무	페이지수
1	매매계약서	원고	원고와 피고 간에 제품매매계약 관계가 존재함	있음	1~6
2	선하증권	해운회사	원고는 매매계약서의 약정에 따라 납품의무를 이행함	있음	7
3	선하증권 EMS 송부 증빙	우체국	원고는 선하증권을 이미 피고에게 제공함	있음	8
4	이메일	원고	원고는 피고에게 여러 번에 걸쳐 대금 지급을 독촉함	있음	9~15
5	이메일	피고	피고는 정당한 이유 없이 대금 지급을 거부함	있음	16~18

Q45 소장 작성에서의 유의점은 무엇인지?

A45 **첫째, 사실부분은 간단명료하게 작성하세요.**

중국에는 "말이 많으면 실수하기 마련이다"는 속담이 있는데 소장 작성에 있어서도 이 점에 충분히 유의해야 합니다.

특히 중국법에 의하면 소장에서 원고가 자신에게 불리한 증거나 사실을 인정하였을 경우 중국법원은 이를 유효한 증거로 채용하게 되기에 각별한 주의가 필요합니다.

둘째, 법률근거를 지나치게 명확하고 상세하게 기재하지 마세요.

원고가 소장을 통해 달성하여야 할 가장 중요한 임무는 자신에게 유리한 사실부분을 간단명료하게 법관에게 알려주는 것이며, 구체적으로 어떠한 법률근거에 의해 어떻게 판결을 내려야 할지는 법관의 몫입니다.

또한 소장에 원고가 주장하는 법률근거를 지나치도록 명확하고 상세하게 기재하면 피고에게 충분히 대응할 수 있는 시간적 여유를 주기에 원고에게는 불리한 결과로 됩니다.

셋째, 증거를 너무 빨리 전면적으로 제출하지 마세요.

사실관계가 비교적 간단한 사건일 경우에는 별로 영향이 없지만 여러모로 다툼의 소지가 있는 사건에 있어서 중국법원에 소장을 제출함과 동시에 원고가 가지고 있는 모든 증거도 함께 제출하면 피고에게 충분히 대응할 수 있는 시간적 여유를 주게 되며, 일부 증거는 제출하지 않으면 원고에게 더욱 유리한 경우도 있습니다.

중국법원에서 증거 제출 기한을 지정하지 않았을 경우에는 법정에서 직접 제출하는 것이 피고의 대응에 혼란을 일으키는 적극적인 효과를 볼 수도 있습니다.

넷째, 원고가 선임한 변호사에 관련된 정보는 가능한 소장에 기재하지 마세요.

중국법원은 원고의 소장을 접수한 후 피고에게 소장과 증거 서류의 사본만 송달하게 됩니다. 따라서 소장에 원고가 선임한 변호사에 관련된 정보가 기재되어 있지 않으면 피고는 원고가 변호사를 선임하였는지조차 알 수 없습니다.

그렇지 않을 경우 피고는 소송 개시 전부터 원고가 선임한 변호사 및 소속 법률사무소의 실력과 장단점을 어느 정도 파악하고 그에 대항할 수 있는 실력의 변호사를 위임할 수 있기에 원고에게는 불리한 결과를 가져올 수도 있습니다.

Q46 변호사 위임장은 어떻게 작성하는지?

A46 한국기업이 중국에서 소송 절차를 진행함에 있어서 반드시 중국변호사를 위임할 필요는 없지만 언어상의 장애가 존재하고 또한 중국 소송절차를 잘 모르기에 실무상에서는 거의 모든 사건에 있어서 중국변호사를 선임하여 소송절차를 진행하게 됩니다.

아울러 중국변호사를 선임할 경우에는 반드시 위임장을 작성해야 하며, 위임장은 한국에서 공증·인증 절차를 거쳐야 합니다.

예시

위임장

위임인 : 광화문 주식회사
주소 : 한국 서울시 마포구 마포대로 1000호
법인대표 : 홍길동　　직무 : 대표이사

수임인 : 한영호
근무처 : 베이징시 리팡법률사무소　　직무 : 변호사
주소 : 중국 베이징시 동성구 향하원가 1# 신덕경회센터 12층
연락처 : +86-10-64096099

위임인과 베이징 대성무역유한회사 간의 매매계약 분쟁사건에 관해 위 수임인을 대리인으로 선임하여 본 사건의 소송에 참가하도록 한다.

수임인에게 부여하는 대리 권한은 특별수권으로서 본 사건의 개정 전 조정, 1심·2심 소송 및 집행 업무를 대리하며 구체적인 권한은 다음과 같다.

- 증거 조사 및 수집
- 1심, 2심 소송 제기
- 법정심리 참석
- 화해 및 조정
- 소송청구의 승인, 변경, 추가, 포기
- 집행신청
- 법률문서의 제출 및 수령
- 본 사건의 대금 수령

수임인은 베이징시 리팡법률사무소의 다른 변호사를 복대리인으로 선임할 수 있다.
수임인의 대리 기한은 본 위임장 작성일로부터 대리업무 완료일까지이다.

위임인 : 광화문 주식회사 (인)
작성일 : 2019년 11월 1일

Q47 법인대표 신분증명서는 어떻게 작성하는지?

A47 법인대표 신분증명서는 한국기업이 원고로 될 경우에 반드시 중국법원에 제출하여야 하는 소송서류의 하나이지만 그 내용은 아주 간단합니다.

예시

법인대표 신분증명서

홍길동 씨는 현재 저희 회사에서 대표이사 직무를 담당하고 있으며 저희 회사 법인대표임을 증명하는 바입니다.

광화문 주식회사 (인)
2019년 11월 1일

제4장

1심 소송 절차

제4장
1심 소송 절차

한국 민사소송은 〈3심 종심제〉이지만 중국 민사소송은 〈2심 종심제〉입니다. 항소심에서 원심 판결이 파기되었다는 뉴스를 자주 볼 수 있지만 실무상에서는 중국이나 한국이나 모두 그렇지 않습니다.

중국의 경우 공식적인 통계는 없지만 항소심에서 1심 판결을 번복할 수 있는 확률은 20% 안팎인 것으로 추정됩니다. 그러니 1심 소송에서 승소하면 최종적으로 승소할 수 있는 가능성이 4배 정도는 높아진다는 것을 의미합니다.

1심에서 패소해도 2심에 또 기회가 있으니 1심에서는 상대방의 의지도 알아볼 겸 살짝 쉬어 가면서 절차를 진행해도 되겠다는 생각은 절대 버려야 합니다. 특히 중국은 2심 판결이 확정판결로 되기에 더더욱 그러합니다. 1심 소송을 최종 라운드로 생각하시고 전력투구하십시오.

▪▪▪ 제1절 소송서류 접수 및 송달

소송서류의 접수 및 송달에 관하여 중국 민사소송법에는 엄격한 기한 및 형식상의 요구가 있으니 소송당사자는 반드시 이를 엄격히 준수하여야 합니다.

특히 실무상에서는 소장의 접수 절차에 있어서 입건부서의 담당 법관과 트러블이 발생하여 사건 접수가 되지 않는 경우도 가끔 있기에 이러한 리스크는 가능한 사전에 점검하여 해소할 필요가 있습니다.

소송서류의 접수나 송달에 있어서 기한 또는 형식상의 문제로 인해 법원의 문턱도 넘어서지 못하고 거액의 채권을 포기하게 되는 황당한 실수는 절대 있어서는 안 될 일입니다.

Q48 소장 접수는 어떻게 진행되는지?

A48 중국법의 규정에 따르면 소송의 제기는 다음과 같은 조건에 부합되어야 합니다.

① 원고가 해당 사건과 직접적인 이해관계가 있을 것
② 명확한 피고가 있을 것
③ 구체적인 소송청구 및 사실, 이유가 있을 것
④ 법원이 소송을 접수하는 사건에 속할 것
⑤ 소장을 접수한 법원의 관할에 속할 것

소송서류는 중국법원 입건부서(立案庭)의 창구에 제출해야 하며 입건부서는 소장 및 기타 소송 관련 서류에 대한 형식적인 심사를 거쳐 문제가 없다고 판단되면 일단 소송서류 제출일을 기재한 증빙을 원고에게 발급하고, 소송서류 제출일로부터 7일 내에 해당 소송의 제기가 상기 조건에 부합되는지 여부를 심사하고 입건 허가 여부를 결정합니다.

중국법원이 입건을 결정하였을 경우에는 원고에게 사건접수 통지서를 발급하고, 입건하지 않기로 결정하였을 경우에는 해당 결정서를 원고에게 송달하며, 원고는 결정서를 송달 받은 날로부터 10일 내에(원고가 중국 내에 주소가 없을 경우에는 30일 내에) 상소할 수 있습니다.

사건접수 통지서에는 해당 소송을 담당하게 되는 단독부 또는 합의부를 구성하는 법관 및 배심원의 이름이 기재됩니다.

과거에는 중국법원이 소송서류 접수 절차에 있어서 사건의 세부적인 부분까지 심사하여 말도 안 되는 여러 가지 황당한 트집을 잡아 소장 접수를 거절하거나, 연말이 되면 법원 업무평가 실적의 중요한 지표로 되는 사건 종결률을 높이기 위해 의도적으로 소장 접수를 거절하는 폐단이 적지 않게 존재하였지만 지금은 많이 개선된 상황입니다.

구체적인 법률근거 중국 민사소송법 제119조, 제123조, 제269조
중국 민사소송법 해석 제208조

Q49 소멸시효가 만료된 사건의 소송을 접수하는지?

A49 중국법의 규정에 따르면 원고가 소멸시효 만료 후에 소송을 제기할 경우일지라도 중국법원은 일단 해당 소송을 접수하여야 합니다.

다만, 소송 접수 후 피고가 소멸시효 항변을 제출하고 법원이 심리를 거쳐 항변 사유가 성립된다고 인정할 경우에는 원고의 소송청구를 기각합니다.

여기에서 유의할 점은, 피고가 소멸시효 항변을 제출하지 않는 한 중국법원은 직권에 의해 주동적으로 소멸시효가 만료되었음을 판단하지 않는다는 것입니다.

구체적인 법률근거 중국 민사소송법 해석 제219조

Q50 소장을 우편으로 제출할 수 있는지?

A50 중국법에는 소장의 제출방식에 관한 명확한 규정은 없으나 소송문서를 기간 만료일 전에 우편으로 발송하였을 경우에는 기간이 경과한 것으로 인정하지 않는다는 규정이 있습니다. 따라서 이론상에서는 우편으로 소장을 제출하는 것이 가능합니다.

다만, 실무상에서 우편으로 소장을 송부하게 되면 우편물이 분실될 리스크도 있고 소송서류의 형식에 대한 법원의 심사에 있어서도 차질이 발생할 수 있기에 가능한 우편으로 소장을 제출하는 것은 피하여야 합니다.

구체적인 법률근거 중국 민사소송법 제82조 4항, 제120조 1항

Q51 소장을 온라인으로 제출할 수 있는지?

A51 코로나 사태가 발생한 후 대부분 지역의 중국법원에서는 온라인으로 소장을 접수하고 있습니다.

현재 베이징 지역의 법원에서는 상당히 많은 사건의 심리에 있어서 증거교환이나 변론 등 복잡한 소송 절차까지도 온라인으로 진행하고 있습니다.

다만, 온라인 소송도 지역별로 큰 차이가 있기에 구체적인 사건에서는 중국변호사를 통해 미리 확인할 필요가 있습니다.

아무튼 코로나가 중국법원의 소송업무 처리방식에 급격한 변화를 가져오고 있는 것만은 명백한 사실입니다. 코로나가 모든 것을 변화시키고 있습니다. 변호사도 당사자도 이러한 변화에 빨리 적응하여야 생존할 수 있습니다.

Q52 소장은 어떤 방식으로 피고에게 송달되는지?

A52 중국법의 규정에 의하면 중국법원은 원고가 제출한 소장을 접수하여 입건한 날로부터 5일 내에 소장 사본을 피고에게 송부하여야 합니다.

소송문서의 송달에는 직접송달, 유치송달, 위탁송달, 우편송달, 공시송달 등 여러 가지 방식이 있지만 실무상에서 중국법원은 대부분 우편송달 방식에 의해 소장을 피고에게 송달합니다.

피고가 정당한 사유 없이 소장 송달을 거부하는 경우에는 유치송달 방식을 채용할 수 있으며, 피고의 주거 또는 사무소 불명으로 인해 소장을 송달할 수 없을 경우에는 법원의 게시판이나 신문 등에 소장의 요지, 답변기한 등 사항을 게시하는 공시송달 방식을 채용하게 됩니다.

공시송달의 경우, 공시일로부터 60일이 경과하면 소장이 피고에게 송달된 것으로 간주합니다. 다만, 중국에 주소가 없는 피고에 대한 공시송달의 경우, 공시일로부터 3개월이 만료되면 피고에게 송달된 것으로 간주합니다.

구체적인 법률근거 중국 민사소송법 제85조, 제86조, 제88조, 제125조

Q53 원고가 소송을 취하한 후 다시 소송을 제기할 수 있는지?

A53 가능합니다.

중국법의 규정에 따르면 원고가 소송을 취하하거나 또는 중국법원이 소송 취하로 처리한 후 원고가 동일한 소송청구로 다시 기소할 경우 중국법원은 이를 접수하여야 합니다.

다만, 이혼소송에 있어서 원고가 소송을 취하한 후 6개월 내에 새로운 상황이나 이유 없이 다시 기소할 경우 중국법원은 이를 접수하지 않습니다.

구체적인 법률근거 중국 민사소송법 해석 제214조

Q54 1심 소송의 재판부는 어떻게 구성되는지?

A54 1심 소송의 재판부는 단독부와 합의부로 분류됩니다.

단독부는 1명의 법관으로 구성되며 기층법원이 간이절차를 적용하는 간단한 1심 소송은 일반적으로 단독부가 심리합니다. 간이절차에 대한 해석은 Q82에 대한 답변을 참고하여 주십시오.

이와 반대로 합의부는 3명 이상 홀수의 법관 또는 배심원으로 구성되며(실무상에서 거의 모든 합의부는 3명으로 구성됨), 법관이 재판장을 담당하게 됩니다. 합의부는 단독부가 심리하는 1심 소송 외의 모든 사건을 심리합니다.

합의부의 판결은 다수결에 의해 결정되며, 배심원은 사건 심리에 있어서 법관과 동등한 권리와 의무가 있습니다.

구체적인 법률근거 중국 민사소송법 제39조, 제42조

■■■ 제2절 소송비용 예납 및 부담

중국 민사소송에서도 한국과 마찬가지로 원고가 먼저 소송비용을 법원에 예납해야 합니다. 원고가 100% 승소하였을 경우 예납한 소송비용은 최종적으로 피고가 부담하게 됩니다. 소송비용은 소송물가액에 일정한 비율을 적용하여 수취하게 되는데 소송물가액이 크면 클수록 소송비용도 그 만큼 늘어나게 됩니다.

그밖에 중국에서는 원고가 승소하였을 경우에 예납한 소송비용의 환급을 법원에 신청할 수 있는 제도도 있으니 실무상에서 유익하게 활용하여 주시기 바랍니다.

Q55 소송비용에는 어떤 항목이 포함되는지?

A55 중국 민사소송 절차에서의 소송비용에는 다음과 같은 항목이 포함됩니다.

① **접수비용**

- 1심 접수비용
- 2심 접수비용
- 재심 접수비용

② **신청비용**

- 강제집행 신청비용
- 가압류 신청비용
- 가처분 신청비용
- 기타 규정된 신청비용

③ **전문인원비용**

- 증인, 검증인, 통역, 사정인 등 전문인원의 법정출석으로 인해 발생하는 교통비용, 숙박비용, 생활비용 및 일당

구체적인 법률근거 소송비용 납부 방법 제6조, 제7조, 제10조, 제11조

Q56 접수비용의 기준은 어떻게 되는지?

A56 중국법원에 채권회수 소송을 제기할 경우, 중국법원이 수취하는 접수비용(한국의 인지액에 상당함)의 기준은 다음과 같습니다.

채권금액	접수비용
1만 위안 이하 부분	50위안
1만 위안 초과 10만 위안 이하 부분	2.5%
10만 위안 초과 20만 위안 이하 부분	2.0%
20만 위안 초과 50만 위안 이하 부분	1.5%
50만 위안 초과 100만 위안 이하 부분	1.0%
100만 위안 초과 200만 위안 이하 부분	0.9%
200만 위안 초과 500만 위안 이하 부분	0.8%
500만 위안 초과 1,000만 위안 이하 부분	0.7%
1,000만 위안 초과 2,000만 위안 이하 부분	0.6%
2,000만 위안 초과 부분	0.5%

예컨대 소장에 기재한 소송물가액이 60만 위안(한화 약 1억 원)일 경우, 중국법원에 납부해야 하는 1심 소송 접수비용은 다음과 같습니다.

50위안+(9만 위안×2.5%)+(10만 위안×2.0%)+(30만 위안×1.5%)+(10만 위안×1.0%) =9,800위안

아울러 2심 소송에서도 위 기준에 따라 중국법원에 접수비용을 납부하여야 합니다.

다만, 법원의 조정에 의해 사건이 종료되거나 당사자가 소송을 취하하였을 경우에는 이미 납부한 접수비용의 50%를 환급 받을 수 있습니다.

구체적인 법률근거 소송비용 납부 방법 제13조, 제15조

Q57 소송비용은 어느 당사자가 부담하는지?

A57 접수비용은 원고, 독립청구권이 있는 제3자 또는 상소인이 예납하고, 피고가 반소를 제기할 경우 반소 부분의 접수비용은 피고가 예납하여야 합니다.

아울러 신청비용 및 전문인원비용은 신청자가 법원에 해당 신청을 제출할 때 예납하거나 중국법원이 지정한 기한 내에 납부해야 합니다.

확정판결이 내려진 후에는 패소한 당사자가 최종적으로 모든 소송비용을 부담해야 하며, 일부 승소 또는 패소의 경우에는 중국법원이 사건의 구체적인 상황에 근거하여 각 당사자가 부담하는 소송비용 금액을 결정하게 됩니다.

그밖에, 조정에 의해 사건이 종료될 경우 소송비용 부담은 당사자 간의 협상을 거쳐 해결해야 하며, 합의할 수 없을 경우에는 중국법원이 최종적으로 부담 비율을 결정합니다.

구체적인 법률근거 소송비용 납부 방법 제20조, 제29조, 제31조

Q58 접수비용의 납부 기한은?

A58 일반적으로 중국법원은 소송 당사자에게 송달하는 사건 접수통지서에 접수비용 납부 통지서를 첨부하며, 당사자는 해당 통지서를 받은 날로부터 7일 내에 법원이 지정한 은행계좌에 접수비용을 입금하여야 합니다.

아울러 2심 소송 접수비용은 상소인이 상소장을 제출할 때 예납해야 하며, 상소인이 상소 기한 내에 접수비용을 예납하지 않았을 경우, 중국법원은 7일 내에 예납할 것을 통지합니다.

당사자가 규정된 기한 내에 접수비용을 납부하지 않을 경우, 중국법원은 해당 당사자가 소송을 취하한 것으로 처리합니다.

구체적인 법률근거 소송비용 납부 방법 제22조
중국 민사소송법 해석 제213조

Q59 승소한 후 예납한 접수비용을 환급 받을 수 있는지?

A59 환급 받을 수 있습니다.

승소자가 소송절차에서 예납하였지만 자신이 부담하지 말아야 하는 소송비용(접수비용 포함)에 대해서는 판결이 확정된 후 중국법원이 승소자에게 환급해야 하며, 해당 소송비용은 최종적으로 패소자가 중국법원에 납부해야 합니다.

다만, 승소자가 자원적으로 소송비용을 부담하거나 또는 패소자가 직접 승소자에게 소송비용을 지불하는데 동의한 경우는 제외됩니다.

패소자가 소송비용의 납부를 거부할 경우 중국법원은 직권에 의해 패소자에 대한 강제집행 조치를 취할 수 있습니다.

참고로 실무상에서 승소자에 대한 중국법원의 소송비용 환급 절차는 비교적 많은 시간이 소요되며, 일부 중국법원은 이러저러한 핑계로 소송비용 환급을 거절하는 경우도 있습니다.

구체적인 법률근거 중국 민사소송법 해석 제207조

▪▪▪ 제3절 답변서 및 관할권 이의

답변서나 관할권 이의는 피고가 제출하는 서류입니다. 한국기업이 중국기업을 상대로 채권회수 소송을 제기하였는데 중국기업이 한국기업에 반소를 제기하는 경우도 있습니다.

상술한 경우 한국기업은 반소 절차에서 답변서나 관할권 이의를 제출할 필요가 있습니다. 따라서 여기에서는 답변서 및 관할권 이의 관련 서류의 작성과 제출에 있어서의 여러 가지 유의점을 소개하여 드립니다.

Q60 답변서는 언제까지 제출하여야 하는지?

A60 피고는 중국법원으로부터 소장 사본을 송달 받은 날로부터 15일 내에 (피고가 중국 내에 주소가 없을 경우에는 30일 내에) 답변서를 제출해야 하며, 답변서에는 원고가 소장에서 주장한 사실과 법률근거에 대한 반박내용 외에 다음과 같은 사항을 기재해야 합니다.

➢ **피고가 자연인일 경우**

이름, 성별, 연령, 민족, 직업, 근무처, 주소, 연락처

➢ **피고가 기업일 경우**

명칭, 주소, 법인대표의 이름·직무·연락처

중국법원은 피고의 답변서를 받은 날로부터 5일 내에 답변서 사본을 원고에게 송달합니다.

피고가 답변서를 제출하지 않아도 중국법원의 사건 심리에는 영향을 끼치지 않습니다.

한국 민사소송에서는 변론기일 지정 전까지 원고와 피고 간에 〈소장〉→〈답변서〉→〈원고 반박 준비서면〉→〈피고 반박 준비서면〉……수순으로 여러 차례 서면으로 의견을 주고받는 것으로 알고 있지만, 중국 민사소송에서는 답변서 제출 기한이 만료된 후 법원이 곧 변론기일을 지정하게 됩니다.

구체적인 법률근거 중국 민사소송법 제125조, 제268조

Q61 답변서 작성에서의 유의점은 무엇인지?

A61 답변서 작성에서의 유의점은 소장의 경우와 비슷하며 구체적으로 다음과 같습니다.

첫째, 사실부분은 간단명료하게 작성하세요.

중국에는 "말이 많으면 실수하기 마련이다"는 속담이 있는데 답변서의 작성에 있어서도 이 점에 충분히 유의하여야 합니다.

특히 중국법의 규정에 의하면 답변서에서 피고가 자신에게 불리한 증거나 사실을 인정하였을 경우 중국법원은 이를 유효한 증거로 채용하기에 각별한 주의가 필요합니다.

둘째, 법률근거를 지나치게 명확하고 상세하게 기재하지 마세요.

소장의 경우와 마찬가지로 피고가 답변서를 통해 달성하여야 할 가장 중요한 임무도 자신에게 유리한 사실부분을 간단명료하게 법관에게 알려주는 것이며, 구체적으로 어떠한 법률근거에 의해 어떻게 판결을 내려야 할지는 법관의 몫입니다.

또한 답변서에 피고가 주장하는 법률근거를 지나치도록 명확하고 상세하게 기재하면 원고에게 충분히 대응할 수 있는 시간적 여유를 주기에 피고에게는 불리한 결과로 됩니다.

셋째, 증거를 너무 빨리 전면적으로 제출하지 마세요.

사실관계가 비교적 간단한 사건일 경우에는 괜찮지만 여러모로 다툼의 소지가 있는 사건에 있어서 중국법원에 답변서를 제출함과 동시에 피고가 가지고 있는 모든 증거도 함께 제출하면 원고에게 충분히 대응할 수 있는 시간적 여유를 주게 되며, 일부 증거는 제출하지 않으면 피고에게 더욱 유리한 경우도 있습니다.

아울러 중국 민사소송에서도 원고의 입증책임이 더욱 무겁기에 원고가 제출한 증거를 살펴보면서 피고가 자신에게 유리한 증거를 선별적으로 제출하는 것이 보다 효과적이고 안전합니다.

넷째, 절대 과격한 용어를 사용하지 마세요.

실무상에서 원고가 말도 안 되는 황당한 이유로 중국법원에 소송을 제기하는 경우도 종종 있습니다. 다만, 그렇다고 해서 피고가 답변서에 과격한 용어, 원고의 인격을 모욕하는 용어를 사용하게 되면 법관에게 나쁜 인상을 주게 되며 판결에도 영향을 끼칠 가능성이 있습니다.

물론 법관은 사실과 법률에 의해 판결을 내릴 의무가 있지만 법관도 사람이기에 이러저러한 요소의 영향을 받을 수 있다는 점 명기하고 자신에게 유리한 사실과 근거를 평온한 어조로 서술하면 됩니다.

Q62 관할권 이의는 언제까지 제기하여야 하는지?

A62 중국법의 규정에 따르면 중국법원이 소장을 접수하여 입건한 후 피고가 해당 법원에 의한 사건 관할에 불복할 경우에는 관할권 이의를 제기할 수 있습니다.

관할권 이의는 소장 사본을 송달 받은 날로부터 15일 내에(피고가 중국 내에 주소가 없을 경우에는 30일 내에) 제기하여야 합니다. 즉 관할권 이의는 답변서 제출 기한 내에 제기해야 합니다.

원고 또는 피고가 관할권 이의에 대한 법원의 결정에 불복할 경우에는 해당 결정서를 송달 받은 날로부터 10일 내에(중국 내에 주소가 없을 경우에는 30일 내에) 상소할 수 있습니다.

구체적인 법률근거 중국 민사소송법 제127조 1항, 제269조

Q63 관할권 이의 절차에 있어서의 유의점은 무엇인지?

A63 **첫째, 관할권에 대해 이의가 있으면 답변서를 제출하지 마세요.**

중국법의 규정에 의하면 피고가 중국법원으로부터 소장을 송달 받은 후 관할권 이의를 제기하지 않고 답변서를 제출하거나 사건의 실체내용에 대해 답변, 진술하거나 또는 반소를 제기한 경우에는 해당 법원에 관할권이 있는 것으로 간주합니다.

다만, 이러한 관할이 중국법상의 심급관할 또는 전속관할에 관한 규정에 위반될 경우는 제외됩니다.

그밖에, 피고가 답변서 제출 기한 내에 답변서도 제출하고 관할권 이의도 제기하였을 경우 법원은 관할권 이의에 대해 심리하게 되지만, 상기 상황에서의 답변서 제출은 피고에 대해 아무런 실익도 없는 불필요한 행동입니다.

둘째, 함부로 관할권 이의를 제기하지 마세요.

중국 민사소송 절차에 있어서 관할권 이의 제기는 피고가 소송을 지연시키는 가장 유효한 수단으로 활용되고 있습니다.

저희들도 과거에는 피고의 대리인으로서 대금 변제 소송이든 지식재산권 침해 소송이든 먼저 관할권 이의를 제기함으로써 응소에 필요한 준비 시간을 충분히 마련하여 왔습니다. 즉 해당 법원에 관할권이 있음을 명백히 알고 있음에도 불구하고 관할권 이의를 제기하는 것입니다.

일단 관할권 이의를 제기하고 또한 법원의 기각결정에 대해 상소하면 2심 법원의 최종 결정이 나오기까지 1~2개월 정도의 시간이 걸리고, 섭외민사소송일 경우에는 더욱 많은 시간이 걸립니다. 피고는 관할권 이의 신청서 한 장으로 소송을 수개월이나 지연시켜서 흐뭇하지만 원고나 담당 법관이 보기에는 참으로 어처구니없는 수법이죠.

중국 베이징시 제2 중급법원의 통계에 의하면 관할권 이의를 제기하여 성공한 사례는 1%도 안 되지만 관할권 이의를 제기한 사건이 전체 사건 수량의 약 80%를 차지하는 경우도 있었다고 합니다. 심지어 피고 측에서 관할권 이의를 제기한 이유를 "XXX 법원은 오염되지 않았고 신선한 공기와 푸른 잎이 있기 때문에 이 사건 소송은 XXX 법원에서 관할해야 한다"라는 황당한 내용으로 기재하는 사건까지 있었습니다.

피고의 소송권리 남용에 대한 중국법원의 인내심도 한계에 달하여 근년부터는 소송 지연을 목적으로 하는 관할권 이의에 대해 칼을 빼 들었습니다. 이러한 행위는 중국 민사소송법에 규정된 신의성실의 원칙에 위배되며 법원의 인력을 낭비하고 정상적인 사법 활동을 방해하는 행위라고 판단하여 과태료를 부과하기 시작하였습니다.

대표적인 사례로 2019년 8월 안후이성 허페이시의 한 지방법원은 건축물 시공 관련 민사소송에 있어서 피고가 소송을 지연시키기 위해 악의적으로 관할권 이의를 제출하였다고 판단하여 피고에게 50만 위안(한화 약 8,500만 원)의 과태료를 부과하였고 이는 지금까지 관할권 이의 남용에 대한 가장 수위 높은 처벌로 알려지고 있습니다.

따라서 향후 한국기업이 피고로 된 중국 민사소송에 있어서 관할권 이의를 제출할 경우에는 그 이유가 타당한지에 대해 조심스럽게 검토할 필요가 있습니다. 예전처럼 대충 이유를 기재하여 관할권 이의를 제기하면 큰 낭패를 볼 수도 있다는 점 충분히 유의하여 주십시오.

구체적인 법률근거 중국 민사소송법 제13조 1항, 제127조 2항
중국 민사소송법 해석 제223조

▪▪▪ 제4절 개정 전의 준비업무

상대적으로 복잡한 사건의 처리에 있어서 중국법원은 소송 절차를 효과적으로 추진하기 위해 소송당사자를 지휘하여 여러 가지 개정 전의 준비업무를 진행하게 되며, 위 준비업무는 소송 절차나 결과에 있어서 매우 중요한 역할을 발휘하게 됩니다.

이름 그대로 개정 전의 준비업무라고 해서 소홀히 대했다가 소송의 전반적인 승부에 관계되는 치명적인 실수도 할 수 있기에 각별히 조심할 필요가 있다는 점 명기하시기 바랍니다.

Q64 개정 전에 중국법원은 어떤 준비절차를 진행하는지?

A64 답변서 제출 기한이 만료되었고 또한 피고가 관할권 이의를 제출하지 아니하였을 경우, 중국법원은 재판을 효율적으로 진행하기 위해 개정 전 회의를 소집하여 준비작업을 진행할 수 있습니다.

개정 전 회의는 원고와 피고를 법원 회의실에 호출하여 담당 법관의 주재 하에 다음과 같은 작업을 진행하게 됩니다.

① 원고의 소송청구와 피고의 답변의견을 확인함
② 원고의 소송청구 증가, 변경 및 피고의 반소에 대한 심사처리
③ 제3자가 제기한 본 건 소송과 관련된 소송청구에 대한 심사처리
④ 당사자가 신청한 증거조사, 감정, 검증, 증거보전에 대한 결정
⑤ 당사자 간의 증거교환
⑥ 쟁점 정리
⑦ 조정

담당 법관은 개정 전 회의에 관하여 회의록을 작성하며, 회의에 출석한 소송당사자는 회의록의 내용을 확인한 후 서명해야 합니다.

실무상에서 개정 전 회의는 사실관계가 비교적 복잡한 사건에 적용되는 경우가 많으며 상대적으로 간단한 사건은 개정 전 회의를 소집하지 않습니다.

구체적인 법률근거 중국 민사소송법 해석 제225조

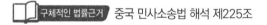

Q65 증거교환은 어떻게 진행되는지?

A65 '증거교환'이란 증거가 많거나 사실관계가 복잡한 사건의 개정 전에 담당 법관의 주재 하에서 소송당사자 간에 관련 증거를 교환하는 제도를 말합니다.

증거교환은 일반적으로 담당 법관이 소송당사자 쌍방의 의견을 듣고 합리적인 일자를 지정하여 법원 회의실에서 진행하며, 증거교환일에 증거 제출 기한이 만료된 것으로 간주합니다.

다만, 증거교환일 후에 당사자가 상대방 당사자의 증거에 대한 반대증거를 제출할 경우 담당 법관은 다시 증거교환을 안배해야 합니다.

증거교환 과정에 있어서 담당 법관은 당사자가 승인하는 사실 및 증거를 기록하고, 당사가 승인하지 않는 증거에 대해서는 증명해야 하는 사실별로 정리함과 동시에 그 이유를 기록하여야 합니다.

구체적인 법률근거 중국 민사소송 증거규정 제56조, 제57조, 제58조

Q66 증거교환 절차에서 제출한 자신에게 불리한 증거를 철회할 수 있는지?

A66 철회할 수 없습니다.

중국법의 규정에 의하면 소송당사자가 증거교환, 법관에 의한 심문 및 조사 절차에서 있어서 자신에게 불리한 사실을 명확히 승인하였을 경우, 상대방 소송당사자는 이에 대한 입증 책임을 부담하지 않습니다.

따라서 소송당사자가 자신에게 불리한 증거를 증거교환 절차에 있어서 증거로 제출하였다 함은 자신에게 불리한 사실을 명확히 승인한 것으로 간주되어 상대방 당사자는 해당 증거에 의해 입증된 사실에 대한 입증 책임을 부담하지 않아도 됩니다.

구체적인 법률근거 중국 민사소송 증거규정 제3조

Q67 개정 전에 증거 대질을 진행할 수 있는지?

A67 중국법의 규정에 따르면 증거는 반드시 대질 절차를 거쳐야 만이 사건을 판단하는 근거로 할 수 있으며, 일반적으로 개정 심리 절차에 있어서 법정에서 제시하고 당사자들이 서로 대질하게 됩니다.

다만, 소송당사자가 개정 전의 준비절차 또는 중국법원의 조사, 심문 과정에 있어서 대질 의견을 발표한 증거에 대해서는 이미 대질한 증거로 간주합니다.

따라서 증거교환 등 개정 전의 준비절차에서 상대방 소송당사자가 제시한 증거에 대해 의견을 발표할 경우에는 자신에게 불리한 대질 의견으로 간주되지 않도록 신중히 대할 필요가 있습니다.

구체적인 법률근거 중국 민사소송 증거규정 제60조 1항
중국 민사소송법 해석 제103조 2항

Q68 개정일시는 어떻게 지정하는지?

A68 소송당사자 간의 증거교환 절차가 완료된 후, 또는 피고의 답변서 제출기한이 만료된 후 담당 법관은 개정일시 및 장소를 지정하여 개정 3일 전까지 소송당사자들에게 소환장 방식으로 통지하게 됩니다.

실무상에서는 통지일로부터 짧은 기간 내에 개정일을 배정할 경우 담당 법관은 사전에 소송당사자들과 전화로 연락하여 개정일을 협상하는 경우가 보통이지만, 이와 반대로 통지일과 개정일 사이에 상당히 긴 시간적 여유가 있을 경우에는 사전 연락 없이 바로 소환장을 송달합니다.

아울러 공개 심리하는 사건에 대해서는 해당 중국법원의 게시판에 당사자의 이름, 소송사유 및 개정 일시와 장소를 공개하여야 합니다.

구체적인 법률근거 중국 민사소송법 제136조

Q69 어떠한 경우에 개정 심리를 연기하는지?

A69 다음과 같은 상황의 하나가 있을 경우, 중국법원은 개정 심리를 연기할 수 있습니다.

① 반드시 법정에 출석하여야 하는 당사자와 기타 소송참가자가 정당한 이유로 출석하지 않았을 경우

② 당사자가 임시로 기피신청을 제기하였을 경우

③ 새로운 증인의 출석을 통지하거나 새로운 증거를 수집하거나 감정·검증을 다시 진행하거나 또는 보충조사를 진행할 필요가 있을 경우

④ 연기해야 할 기타 사정이 있을 경우

구체적인 법률근거 중국 민사소송법 제146조

Q70 소송당사자인 한국기업의 임직원이 해당 소송을 방청할 수 있는지?

A70 섭외민사소송의 당사자인 외국 기업의 임직원이 해당 소송을 방청할 수 있는지 여부에 대해 중국법에는 명확한 규정은 없으나 실무상에서 중국법원은 방청을 허가하고 있습니다.

다만, 허가절차는 법원별로 다를 수 있기 때문에 해당 소송을 대리하는 중국변호사를 통해 담당 법관에게 방청 신청서를 미리 제출할 필요가 있습니다.

그밖에, 중국법원이 방청을 허가하였을 경우에는 반드시 본인의 여권을 지참하여야 합니다.

제5절 개정 심리 및 판결

모든 소송 준비작업의 최종 승부를 가리게 되는 개정심리는 원고와 피고가 정면으로 충돌하는 단계입니다. 상대방이 아무리 파렴치하고 가증스러운 존재일지라도 가능한 평온한 마음으로 소송 과정을 지켜보고 대응하여야 합니다. 절대 일시적인 감정 기복으로 인해 흥분하지 마세요. 당사자가 흥분하고 분노하면 그 만큼 패소할 수 있는 확률이 높아집니다.

Q71 중국법원은 모든 사건을 공개 심리하는지?

A71 중국법의 규정에 의하면 중국법원은 민사사건의 심리에서 국가 기밀, 프라이버시 또는 법률에 별도의 규정이 있는 경우를 제외하고 공개 심리하여야 합니다.

다만 이혼사건, 영업비밀에 관련된 사건에서 당사자가 비공개 심리를 신청할 경우, 중국법원은 비공개로 사건을 심리할 수 있습니다.

구체적인 법률근거 중국 민사소송법 제134조

Q72 개정 심리의 절차는 어떻게 되는지?

A72 중국법원의 1심 민사소송 개정 심리는 다음과 같은 절차에 따라 진행됩니다.

1. 서기관이 소송당사자와 기타 소송참여인원이 출석하였는지 확인하고 법정에서 준수하여야 할 규칙을 선포함

2. 재판장(법관)이 소송당사자를 확인한 후 소송사유, 재판인원(법관 또는 배심원)과 서기관의 이름을 선포하고 당사자에게 소송 관련 권리·의무를 고지하며 기피신청 여부를 문의함

3. 다음과 순서에 따라 법정조사를 진행함

① 소송당사자가 진술함

- 실무상에서는 원고, 피고 및 제3자의 순서에 따라 각 당사자가 소장, 답변서 및 의견서의 내용을 요약하여 진술하거나 또는 소장 등 서류에 기재한 내용과 같다는 진술을 함

② 재판장이 증인의 권리와 의무를 고지한 후 증인이 증언함. 증인이 법정에 출석하지 않았을 경우에는 서기관이 증언을 낭독함

- 재판인원은 증인에게 질문할 수 있음
- 소송당사자는 재판장의 허가를 거쳐 증인에게 질문할 수 있음

③ 서증·물증·시청각 자료 및 전자데이터 등 증거를 제시함

- 원고가 증거를 제시하고 피고가 대질함
- 피고가 증거를 제시하고 원고가 대질함
- 제3자가 증거를 제시하고 원고 및 피고가 대질함

④ 감정의견을 낭독함

- 소송당사자는 재판장의 허가를 거쳐 감정인에게 질문할 수 있음

⑤ 검증조서를 낭독함

- 소송당사자는 재판장의 허가를 거쳐 검증인에게 질문할 수 있음

4. 다음과 순서에 따라 법정변론을 진행함

① 원고가 발언함

② 피고가 답변함

③ 제3자가 발언하거나 답변함

④ 상호 간에 변론함

5. 최후 의견을 진술함

법정변론이 끝난 후 재판장은 원고, 피고 및 제3자의 순서에 따라 최후 의견을 진술하도록 합니다. 이 절차에 있어서 재판장은 각 소송당사자에게 조정할 의향이 있는지 여부에 대해 다시 한 번 확인합니다.

6. 변론조서를 확인하고 서명함

서기관은 개정 심리의 전반 내용을 기재한 변론조서를 출력하여 각 소송당사자 또는 그 대리인에게 내용을 확인하고 서명하도록 합니다.

7. 1심 판결을 선고함

실무상에서는 변론이 끝난 후 당장 판결을 선고하는 경우는 극히 드물며, 중국법원은 거의 모든 사건에 있어서 우편으로 각 소송당사자에게 판결문을 송달합니다.

구체적인 법률근거 중국 민사소송법 제137조, 제138조, 제139조 1항, 제141조, 제142조, 제147조
중국 민사소송법 해석 제103조 1항
중국 민사소송 증거규정 제62조 1항

Q73 증거는 어떻게 대질하는지?

A73 중국법의 규정에 의하면 증거에 대한 대질은 진실성, 합법성 및 관련성의 원칙에 따라 진행하게 되는데 실무상에서는 이를 증거의 '3성' 원칙이라고 부르며 구체적으로 다음과 같이 해석됩니다.

① **진실성**

증거는 그 형식이나 내용이 진실하여야 합니다. 예컨대 원본과 동일하지 않은 사본은 그 형식이 진실하지 못하기에 증거로 채용할 수 없습니다.

② **합법성**

증거는 그 형식이나 출처가 합법적이어야 합니다. 예컨대 한국에서 공증·인증받아야 할 증거인데 이러한 공증·인증 절차를 거치지 않았을 경우에는 증거 형식이 합법적이 아니므로 증거로 채용할 수 없습니다.

③ **관련성**

증거는 사건과 관련된 것이어야 합니다. 예컨대 대여금 변제 청구 소송에 있어서 피고가 자신의 사회적 신용도가 높다는 증거로 박사학위 증서를 제출하였을 경우 해당 학위증서는 본 사건과 아무런 관련이 없기에 증거로 채용할 수 없습니다.

구체적인 법률근거 중국 민사소송법 해석 제104조, 제106조
중국 민사소송 증거규정 제87조

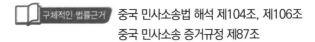

Q74 원고가 개정일에 출석하지 않으면 어떻게 되는지?

A74 중국법원이 소환장으로 원고에게 지정된 개정일에 출석할 것을 통지하였으나 원고가 정당한 사유 없이 출석하지 않을 경우, 중국법원은 원고가 소송을 취하한 것으로 처리할 수 있습니다.

구체적인 법률근거 중국 민사소송법 제143조

Q75 원고가 법정에서 무단 퇴장하면 어떻게 되는지?

A75 원고가 개정 심리 중 재판장의 허가 없이 무단 퇴장할 경우, 중국법원은 원고가 소송을 취하한 것으로 처리할 수 있습니다.

구체적인 법률근거 중국 민사소송법 제143조

Q76 피고가 개정일에 출석하지 않으면 어떻게 되는지?

A76 한국 민사소송에서는 피고가 답변도 하지 않고 지정된 기일에 법정에도 출석하지 않으면 패소하는 것으로 알고 있습니다. 다만, 중국 민사소송에서는 피고가 답변도 하지 않고 개정일에 법정에 출석하지도 않더라도 즉시 패소하는 것은 아닙니다.

이러한 경우 중국법원은 원고가 제출한 증거서류에 근거하여 사건을 심리하고 판결을 내리게 되지만 꼭 피고가 패소하는 결과로 이어지는 것은 아닙니다.

구체적인 법률근거 중국 민사소송법 제144조

Q77 개정 심리에 있어서의 주의사항은 무엇인지?

A77 1심 또는 2심 개정 심리에 있어서 소송당사자가 주의해야 할 사항은 여러모로 많지만 실무 경험상 특히 다음과 같은 사항에 주의하여야 한다고 봅니다.

첫째, 중요한 내용은 사전에 서면으로 작성하여 두세요.

아무리 머리가 좋은 사람이라도 개정 심리에 있어서 법관의 질문이나 상대방 당사자의 공격에 당장 구두상으로 대응하면 실수가 많이 발생하기 마련입니다. 특히 사실관계가 복잡한 사건의 심리에 있어서는 더욱 그렇습니다. 따라서 중요한 사항에 대한 답변이나 견해는 사전에 서면으로 준비하여 두는 것이 바람직합니다.

둘째, 개정시간을 엄수하세요.

실무상에서 간혹 상대방 당사자가 지각하여 법관에게 야단맞는 경우도 있습니다. 중국도 한국과 마찬가지로 법관 1명 당 처리하는 사건의 수량이 엄청 많기에 법관의 하루 일정은 숨 돌릴 틈도 없이 다망하고 스트레스도 상당히 많이 쌓입니다. 그런 와중에 소송당사자가 지각까지 하면 다음 재판 일정에도 영향을 주기에 법관은 짜증이 날 수밖에 없습니다. 좋은 소송결과를 기대하려면 처음부터 법관에게 나쁜 인상을 주지 말아야 합니다.

셋째, 상대방 당사자의 발언을 중단시키지 마세요.

법정에서 상대방 당사자가 발언할 때 그 발언을 중단시키면 법관으로부터 질책을 받게 됩니다. 법관은 각 당사자에게 충분히 발언할 수 있는 기회를 주기에 자신의 견해를 밝히려고 서두를 필요는 없습니다. 상대방 당사자가 발언할 때는 일단 자세히 듣고 중요한 포인트를 메모하여 자신이 발언할 차례가 되면 차분히 문제점을 지적하고 반박하면 됩니다.

넷째, 흥분하거나 화내지 마세요.

법정에서 상대방 당사자가 기가 막힐 정도로 엉뚱한 주장을 하는 경우도 있습니다만, 이럴 때 흥분하거나 화를 내게 되면 법관에게 좋지 않은 인상을 남길 뿐만 아니라 대뇌가 정상적으로 작동하지 못하여

잘못된 답변이나 견해를 제출할 수 있습니다. 우리 측이 흥분하거나 화를 내지 않아도 법관은 총명한 사람이기에 상대방 당사자가 말도 안 되는 억지 주장을 하고 있음을 내심 충분히 알고 있습니다.

다섯째, 말하는 속도를 조절하세요.

법정에서 당사자나 그 변호사가 기관총 쏘듯이 말을 거침없이 빨리하는 경우가 있지만 사실 서기관은 그렇게 빨리 기록할 수 없습니다. 중문은 한글에 비해 입력하는 속도가 평균적으로 엄청 느립니다. 이러한 경우 서기관은 당사자나 변호사의 발언 내용 중 자신이 중요하다고 판단하는 사항만 선택적으로 기록하게 됩니다. 또한 법관은 개정 심리가 끝난 후 변론조서를 판결의 주요 근거서류로 봅니다. 따라서 말하는 속도를 적당히 조절하여 중점을 강조하면서 서기관이 해당 발언 내용을 충분히 기록할 수 있도록 하는 것이 포인트입니다.

여섯째, 복잡하거나 중대한 문제는 당장에서 판단하지 마세요.

법정에서 법관이 질문한 중대한 사항에 대해 즉각적으로 답변하기 어려울 경우, 또는 상대방 당사자가 새롭게 제출한 증거가 복잡하여 즉시 견해를 발표하기 어려울 경우에는 당장에서 답변하거나 발표하지 말고 추후 서면으로 제출하는 것이 적절합니다.

일곱째, 변론조서는 반드시 꼼꼼히 체크하고 서명하세요.

상술한 바와 같이 변론조서는 법관이 판결을 내림에 있어서 근거하는 중요한 서류의 하나입니다. 따라서 변론조서는 꼼꼼히 체크하고 자신의 발언 취지와 다르거나 누락된 부분이 있으면 당장에서 서기관에게 정정을 요청해야 합니다. 실무상에서 사실관계가 복잡한 사건일 경우, 당사자가 변론조서를 체크하는데 소요되는 시간만 몇 시간이 걸릴 때도 있습니다. 변호사가 업무를 꼼꼼히 챙기는지 여부는 변론조서를 체크하는 자세로부터 알 수도 있습니다.

Q78 1심 판결 기한은 어떻게 되는지?

A78 중국법원은 1심 사건의 입건일로부터 6개월 내에 판결을 내려야 하며, 특수한 상황이 있을 경우에는 법원장의 허가를 거쳐 6개월 연장할 수 있고, 더 연장할 필요가 있을 경우에는 상급 법원의 허가를 받아야 합니다.

아울러 공시송달 기간, 감정 기간, 당사자 쌍방 간의 화해 기간, 관할권 이의 심리 기간은 위 기한에 산입하지 않습니다.

다만, 알아 두셔야 할 점은 섭외민사소송에 있어서는 위 판결 기한의 제약을 받지 않는다는 것입니다.

구체적인 법률근거 중국 민사소송법 제149조, 제270조
중국 민사소송법 해석 제243조

Q79 조정은 언제까지 진행 가능한지?

A79 중국법원은 소장을 접수한 후 개정 전의 준비단계, 1심, 2심, 재심 및 집행 등 모든 소송단계에서 조정을 진행할 수 있습니다.

Q80 조정서가 효력을 발생한 후 상소할 수 있는지?

A80 조정서는 쌍방 당사자가 서명하면 즉시 법적 효력을 가집니다. 따라서 이미 효력을 발생한 조정서에 대해서는 상소할 수 없습니다.

다만, 당사자가 해당 조정이 자원(自愿)원칙에 위배되거나 조정 내용이 법률에 위반됨을 입증할 수 있을 경우에는 재심을 제기할 수 있습니다.

구체적인 법률근거 중국 민사소송법 제97조 3항, 제201조

Q81 조정 과정 및 조정서는 공개되는지?

A81 조정 과정은 당사자가 동의한 경우를 제외하고 공개하지 않습니다.

조정서도 일반적으로 공개하지 않습니다. 다만, 국가이익, 공중이익 및 제3자의 합법적인 이익을 보호하기 위해 법원이 조정서를 공개할 필요가 있다고 판단할 경우는 제외됩니다.

구체적인 법률근거 중국 민사소송법 해석 제146조 1항, 2항

Q82 섭외민사소송에 간이절차를 적용할 수 있는지?

A82 실무상에서 섭외민사소송에는 간이절차를 적용하지 않습니다.

'간이절차'란 기층법원이 사실관계 및 당사자 간의 권리·의무 관계가 명확하고 분쟁이 크지 않는 1심 사건을 심리할 때 적용하는 소송절차를 말합니다.

간이절차에 있어서 원고는 구두로 소송을 제기할 수 있고, 당사자가 자신의 의견을 진술할 수 있는 권리를 보장하는 전제하에서 전화·팩스·이메일 등 간편한 방식으로 당사자나 증인을 소환할 수 있으며, 보통절차에서 진행하는 법정조사나 변론절차를 생략할 수도 있습니다.

법원은 간이절차를 적용한 사건에 대해 입건일로부터 3개월 내에 판결을 내려야 합니다.

구체적인 법률근거 중국 민사소송법 제157조 1항, 제158조 항, 제159조, 제160조, 제161조

제5장

2심 소송 절차

제5장

2심 소송 절차

1심에서 패소하였다 해도 한 번 더 도전할 수 있는 기회가 있습니다. 물론 자신이 제출한 증거나 법원의 판결 이유를 보면 2심에서 1심 판결을 번복할 수 있는 가능성이 거의 없다고 판단될 경우에는 시간과 비용을 허비하면서 2심 절차를 진행할 필요는 없습니다.

반대로 1심에서 승소하였다 해서 방심하는 것은 금물입니다. 1심에서 승소하였기에 아주 유리한 상황이니 2심 절차에서도 1심 주장 내용을 반복하여 진술하기만 하면 승소할 수 있다는 생각으로 경솔하게 대하면 큰 낭패를 볼 수 있습니다.

특히 상대방 당사자가 2심에서 새로운 증거를 제출했을 경우에는 1심 소송과 마찬가지로 전력을 다해 검토하고 대응해야 합니다.

Q83 1심 판결 또는 결정에 불복할 경우에는 어떻게 상소하는지?

A83 당사자가 1심 판결에 불복할 경우에는 판결문을 송달 받은 날로부터 15일 내에, 1심 결정(예컨대 관할권 이의 결정)에 불복할 경우에는 결정서를 송달 받은 날로부터 10일 내에 한 급 높은 법원에 상소할 권리가 있습니다.

상소장은 1심 법원을 통해 제출해야 하며 상대방 당사자의 인수에 해당하는 사본을 제출하여야 합니다. 당사자가 직접 2심 법원에 상소할 경우, 2심 법원은 5일 내에 상소장을 1심 법원에 이송합니다.

그밖에, 중국 내에 주소가 없는 당사자가 1심 판결 또는 결정에 불복할 경우에는 판결문 또는 결정서를 송달 받은 날로부터 30일 내에 상소하여야 합니다.

구체적인 법률근거 중국 민사소송법 제164조, 제166조, 제269조

Q84 상소장은 어떻게 작성하는지?

A84 중국 민사소송에 있어서 법원에 제출하는 상소장에는 다음과 같은 사항을 기재하여야 합니다.

① 상소인 관련 사항

- 상소인이 자연인일 경우 : 이름, 성별, 연령, 민족, 직업, 근무처, 주소, 연락처
- 상소인이 회사일 경우 : 명칭, 주소, 법인대표의 이름, 직무, 연락처

② 피상소인 관련 사항

- 피상소인이 자연인일 경우 : 이름, 성별, 근무처, 주소
- 피상소인이 회사일 경우 : 명칭, 주소, 법인대표의 이름, 직무

③ 원심 법원의 명칭, 사건 번호 및 소송사유

④ 상소청구 및 이유

⑤ 증거 및 증거의 출처, 증인 이름과 주소

- 새로운 증거 및 증인이 있을 경우에만 첨부함

구체적인 법률근거 중국 민사소송법 제165조

예시

상소장

상소인(원심원고) : 광화문 주식회사
주소 : 한국 서울시 마포구 마포대로 1000호
법인대표 : 홍길동　　직무 : 대표이사
전화번호 : +82-2-69590780

대리인 : 한영호
근무처 : 베이징시 리팡법률사무소
직무 : 변호사

피상소인(원심피고) : 베이징 대성무역유한회사
주소 : 중국 베이징시 조양구 왕징대로 118호
법인대표 : 왕중화　　직무 : 동사장

상소인은 피상소인과의 대금 분쟁 사건에 관한 베이징시 조양구 법원의 XXX호 민사판결에 불복하여 상소를 제기한다.

소송청구 :

1. 베이징시 조양구 법원에서 내린 XXX호 민사판결 중의 제1항 및 제2항 판결을 파기하고 법에 따라 다시 판결하라.
2. 이 사건의 1심 및 2심 소송비용은 피상소인이 부담하라.

상소이유 :

2019년 2월 1일 상소인과 피상소인은 자동차 부품 매매계약을 체결하였다. 매매계약의 규정에 따르면 상소인은 2019년 3월 1일까지 피상소인에게 2만개의 자동차 부품을 납품하여야 하고, 피상소인은 자동차 부품을 납품 받은 후 1개월 이내에 상소인에게 100만 달러의 대금을 지급하여야 하며, 피상소인이 위 대금 지급을 지체할 경우에는 연리 20%의 기준에 따라 상소인에게 위약금을 지불하여야 한다.

매매계약 체결 후 상소인은 약정에 따라 2019년3월1일까지 2만 개의 자동차 부품을 납품하였으나 피상소인은 정당한 이유 없이 대금 지급의무를 이행하지 않았다.

따라서 상소인은 원심 법원에 피상소인이 상소인에게 모든 대금 및 위약금을 지불하고 상소인이 선불한 본건 소송의 인지대를 부담할 것을 명하는 취지의 판결을 청구하였으나 원심 법원은 상소인의 모든 소송청구를 기각하는 판결을 내렸으며 원심판결은 사실 인정에 있어서 다음과 같은 중대한 오류가 존재한다.

1. 원심 법원은 피상소인이 대금을 지급하지 않은 이유는 상소인이 납품한 자동차 부품에 품질 하자가 있기 때문이라고 인정하였지만 피상소인은 자동차 부품을 납품 받은 후 상소인에게 아무런 이의도 제출하지 않았다.
2. 피상소인이 원심 법원에 제출한 품질 하자에 관한 증거는 그 관계회사가 제출한 클레임과 피상소인이 일방적으로 의뢰한 감정인이 작성한 감정의견서 뿐이며 이러한 증거만으로 피상소인이 납품한 자동차 부품에 품질 하자가 있다고 인정할 수 없다.

따라서 상소인은 2심 법원에서 원심 법원의 판결을 파기하고 법에 따라 공정한 판결을 내려 줄 것을 강력히 요청한다.

베이징시 제3 중급법원 귀중

상소인 : 광화문 주식회사
대리인 : 한영호 (서명)
일자 : 2020년 4월 1일

Q85 상소장은 어떤 방식으로 피상소인에게 송달되는지?

A85 중국법의 규정에 의하면 원심 법원은 상소인이 제출한 상소장을 접수한 날로부터 5일 내에 그 사본을 피상소인에게 송부하여야 합니다.

상소장의 송달방식은 소장의 경우와 동일합니다. 구체적인 내용은 Q52에 대한 답변을 참조하여 주십시오.

구체적인 법률근거 중국 민사소송법 제167조

Q86 2심 소송의 재판부는 어떻게 구성되는지?

A86 2심 소송의 재판부는 합의부로만 구성됩니다. 단독부는 2심 소송에 적용되지 않습니다.

아울러 2심 소송의 합의부는 3명 이상 홀수의 법관으로 구성되며(실무상에서 거의 모든 합의부는 3명으로 구성됨) 배심원은 2심 소송의 심리에 참여할 수 없습니다.

2심 소송에 있어서도 판결은 합의부의 다수결에 의해 결정됩니다.

구체적인 법률근거 중국 민사소송법 제40조

Q87 1심 법원에 제출하지 않은 증거를 2심 법원에 제출할 수 있는지?

A87 1심에서 발견하지 못한 새로운 증거 또는 1심에서 객관적인 원인으로 인해 수집하지 못한 증거는 2심 법원에 제출할 수 있습니다.

당사자가 고의 또는 중대한 과실로 인해 1심 법원에 제출하지 않은 증거는 2심 법원에서 채택하지 않습니다.

다만, 실무상에서 해당 증거가 사건의 기본 사실에 관련된 증거라고 판단할 경우 2심 법원은 이를 채택하지만 당사자에 대해 훈계 또는 과태료를 부과하게 됩니다.

구체적인 법률근거 중국 민사소송법 해석 제101조, 제102조

Q88 1심 법원에서 판결하지 않은 소송청구가 있을 경우 어떻게 처리되는지?

A88 당사자가 1심 절차에서 제출한 소송청구에 대해 원심 법원이 판결을 내리지 않았을 경우, 2심 법원은 당사자의 자원원칙에 의해 조정을 진행할 수 있습니다.

다만, 조정을 거쳐도 합의를 달성할 수 없을 경우 2심 법원은 해당 사건을 원심 법원에 파기환송하여 다시 심리하도록 합니다.

구체적인 법률근거 중국 민사소송법 해석 제326조

Q89 2심 소송도 모두 개정 심리하는지?

A89 중국법의 규정에 의하면 2심 법원은 상소 사건에 대해 개정 심리하여야 합니다.

다만, 새로운 사실·증거 또는 이유를 제출하지 않은 다음과 같은 상소 사건에 대해 합의부가 서류 열람과 조사 및 당사자 심문을 거쳐 개정 심리가 필요 없다고 인정할 경우에는 서면심리로 대체할 수 있습니다.

① 접수거절, 관할권 이의 및 기소 각하 결정에 불복한 경우

② 당사자가 제출한 상소청구가 현저히 성립하지 않을 경우

③ 원심 판결 또는 결정이 인정한 사실은 명확하나 법률 적용에 오류가 있을 경우

④ 원심 판결이 법률절차를 엄중하게 위반하였기에 파기환송하여 다시 심리하게 할 필요가 있을 경우

구체적인 법률근거 중국 민사소송법 제169조
중국 민사소송법 해석 제333조

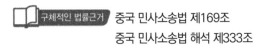

Q90 2심 개정 심리의 절차는 어떻게 되는지?

A90 2심 개정 심리의 절차는 1심의 경우와 거의 동일하다고 보시면 됩니다. 구체적인 내용은 Q72에 대한 답변을 참조하여 주십시오.

구체적인 법률근거 중국 민사소송법 제174조

Q91 2심 법원은 상소 사건을 어떻게 처리하는지?

A91 중국법의 규정에 따르면 2심 법원은 상소 사건에 대해 심리한 후 다음과 같은 방식의 하나에 따라 원 판결 또는 결정을 처리하게 됩니다.

① 원 판결·결정에서 인정한 사실이 명확하고 법률 적용이 정확할 경우에는 판결·결정의 방식으로 상소를 기각 또는 각하하고 원 판결·결정을 유지한다.

② 원 판결·결정에서 인정한 사실 또는 법률 적용에 오류가 있을 경우에는 판결·결정의 방식으로 법에 따라 다시 판결하거나 파기 또는 변경한다.

③ 원 판결에서 인정한 기본사실이 불명확할 경우에는 원 판결을 파기하고 원심 법원에 환송하여 다시 심리하게 하거나 또는 사실을 철저히 조사한 후 다시 판결한다.

④ 원 판결이 당사자 누락 또는 불법 궐석 판결 등 법률 절차를 엄중히 위반하였을 경우에는 원 판결을 파기하고 원심 법원에 환송하여 다시 심리하도록 한다.

원심 법원이 2심 법원에서 환송하여 다시 심리하도록 한 사건에 대해 판결을 내린 후 당사자가 또 상소하였고, 2심 법원이 원심 법원의 판결 내용이나 절차에 여전히 문제가 있다고 인정할 경우에는 다시 원심 법원에 환송하여 심리하도록 해서는 안 되며, 2심 법원이 직접 판결을 내려야 합니다.

구체적인 법률근거 중국 민사소송법 제170조

Q92 2심 절차에 있어서 당사자는 상소를 취하할 수 있는지?

A92 2심 법원이 확정판결을 내리기 전에는 취하할 수 있습니다.

다만, 2심 법원이 심사를 거쳐 1심 판결에 확실히 오류가 있다고 인정하거나 또는 당사자 간에 악의적으로 공모하여 국가이익·공중이익 및 타인의 합법적인 권익을 침해하였다고 인정할 경우에는 당사자에 의한 상소 취하를 허가하지 않습니다.

구체적인 법률근거 중국 민사소송법 해석 제337조

Q93 2심 절차에 있어서 원심 원고는 소송을 취하할 수 있는지?

A93 2심 법원의 허가 하에 취하할 수 있습니다.

다만, 기타 당사자의 동의가 있고 국가이익·공중이익 및 타인의 합법적 권익을 침해하지 않음을 전제 조건으로 합니다.

그리고 2심 법원은 원심 원고에 의한 소송 취하를 허가함과 동시에 원 판결에 대한 파기 결정을 내려야 합니다.

2심 절차에서 원심 원고가 소송을 취하한 후 다시 동일한 당사자를 상대로 동일한 사유에 의한 소송을 제기할 경우, 법원은 이를 접수하지 않습니다.

구체적인 법률근거 중국 민사소송법 해석 제338조

Q94 2심 판결 기한은 어떻게 되는지?

A94 원 판결에 불복한 상소 사건일 경우 중국법원은 2심 입건일로부터 3개월 내에 확정판결을 내려야 하며, 원 결정에 불복한 상소 사건일 경우 중국법원은 2심 입건일로부터 30일 내에 확정판결을 내려야 합니다.

아울러 특수한 상황이 있을 경우에는 법원장의 허가를 거쳐 위 기한을 연장할 수 있습니다.

다만, 섭외민사소송에 있어서는 위 기한의 제약을 받지 않기에 일반 민사소송에 비해 소송기간이 많이 지연될 가능성이 높습니다.

구체적인 법률근거 중국 민사소송법 제176조, 제270조
중국 민사소송법 해석 제341조

제6장

재심 절차

제6장 재심 절차

재심 절차는 접수 자체가 어려울 뿐만 아니라 이 절차를 통해서 확정 판결을 번복하는 것은 더더욱 어려운 일입니다. 그러나 재심은 패소한 당사자에 대해서는 최후의 수단입니다. 소송물가액이 크고 법원의 판결에 중대한 하자가 있다고 판단할 경우에는 한 번 도전해볼 가치가 있습니다. 저희 로펌에는 전문적으로 최고법원의 재심 사건을 다루는 변호사도 근무하고 있는데 어려운 재심 사건에서도 입건만 되면 어느 정도의 승소율이 기대되는 것으로 알고 있습니다.

Q95 중국 민사소송에서의 재심이란?

A95 중국 민사소송에서의 '재심'이란 이미 확정된 판결·결정 및 조정서에 중대한 오류가 있을 경우에 법원의 결정, 검찰원의 항소 또는 당사자의 청구에 의해 법원이 해당 사건에 대해 다시 심리를 진행하는 것을 말합니다.

Q96 재심 청구는 어느 법원에 제출하여야 하는지?

A96 당사자가 확정판결(또는 확정결정, 이하 동일함)에 오류가 있다고 판단할 경우에는 해당 판결을 내린 원심 법원보다 한 급 높은 관할법원에 재심을 청구할 수 있습니다.

다만, 당사자 일방의 인수가 많거나 당사자 쌍방이 모두 중국인일 경우에는 원심 법원에 재심을 청구할 수도 있습니다.

구체적인 법률근거 중국 민사소송법 제199조

Q97 당사자에 의한 재심 청구 절차는 어떻게 진행하는지?

A97 당사자가 재심을 청구할 경우에는 재심 청구서 등 서류를 제출하여야 하고, 법원은 재심 청구서를 받은 날로부터 5일 내에 청구인에게 접수 통지서를 발송함과 동시에 응소 통지서, 재심 청구서 사본 등 서류를 피청구인 및 원심 기타 당사자에게 송부하여야 합니다.

피청구인은 위 서류를 받은 날로부터 15일 내에 법원에 서면의견을 제출하여야 합니다. 서면의견을 제출하지 않더라도 법원의 심사에는 영향을 끼치지 않으며, 법원은 청구인과 피청구인에게 관련 서류 보충을 요청하고 필요한 사항을 심문할 수도 있습니다.

법원은 재심 청구서를 접수한 날로부터 3개월 내에 심사를 완료하고 재심 여부를 결정해야 하며, 특수한 사정으로 인해 위 기한을 연장할 필요가 있을 경우에는 법원장의 허가를 받아야 합니다.

법원이 재심을 결정한 사건에 있어서 확정판결이 1심 법원에 의해 내려졌을 경우에는 1심 절차에 따라 심리하며, 당사자는 법원이 재심을 거쳐 내린 판결에 대해 상소할 수 있습니다.

이와 반대로 확정판결이 2심 법원에 의해 내려졌을 경우에는 2심 절차에 따라 심리하며, 법원이 재심을 거쳐 내린 판결은 곧 확정판결을 구성합니다.

그밖에, 법원은 전원 법관에 의한 합의부를 구성하여 재심사건을 심리하여야 합니다.

구체적인 법률근거 중국 민사소송법 제203조, 제204조, 제207조
중국 민사소송법 해석 제385조

Q98 재심 사유에는 어떤 것이 있는지?

A98 중국법 규정에 의하면 당사자의 재심 청구가 다음과 같은 상황의 하나에 부합될 경우, 법원은 응당 해당 사건에 대해 재심을 진행하여야 합니다.

① 원 판결·결정을 번복하기 충분한 새로운 증거가 있는 경우

② 원 판결·결정에서 인정한 기본사실이 증거가 부족한 경우

③ 원 판결·결정에서 인정한 사실의 주요 증거가 위조된 경우

④ 원 판결·결정에서 인정한 사실의 주요 증거가 대질 절차를 거치지 않은 경우

⑤ 사건의 심리에 필요한 주요 증거에 대해 당사자가 객관적인 원인으로 인해 자체적으로 수집할 수 없어 서면으로 법원에 해당 증거의 조사·수집을 신청하였으나 법원이 이를 진행하지 않은 경우

⑥ 원 판결·결정의 법률 적용에 확실한 오류가 있는 경우

⑦ 재판부의 구성이 적법하지 않거나 또는 법에 따라 응당 회피하여야 하는 재판인원이 회피하지 않은 경우

⑧ 소송 행위능력이 없는 자가 법정대리인을 통해 소송을 진행하지 않거나 또는 소송에 참석해야 하는 당사자가 본인 또는 그 소송대리인의 귀책사유에 의하지 않고 소송에 참석하지 않은 경우

⑨ 불법적으로 당사자의 변론권을 박탈한 경우

⑩ 소환장에 의해 소환하지 않고 궐석 판결을 한 경우

⑪ 원 판결·결정이 소송 청구를 누락하거나 초과한 경우

⑫ 원 판결·결정의 근거로 되는 법률문서가 파기 또는 변경된 경우

⑬ 재판인원이 해당 사건의 심리에 있어서 횡령·수뢰하거나 부정행위로 사리사욕을 채우거나 법을 왜곡하여 재판한 경우

구체적인 법률근거 중국 민사소송법 제200조

Q99 재심 사유로 되는 변론권 박탈에는 어떤 것이 포함되는지?

A99 원심 개정 심리 절차에 있어서 다음과 같은 상황의 하나가 발생하였을 경우에는 재심 사유로 되는 당사자의 변론권 박탈에 해당합니다.

① 당사자가 변론의견을 발표하는 것을 허가하지 않았을 경우

② 응당 개정 심리하여야 하지만 그렇게 하지 않았을 경우

③ 법률규정에 따라 소장 또는 상소장 사본을 송달하지 않음으로 인해 당사자가 변론권을 행사하지 못한 경우

④ 불법적으로 당사자의 변론권을 박탈한 기타 상황

구체적인 법률근거 중국 민사소송법 해석 제391조

Q100 이미 법적 효력을 발생한 조정서에 대해 재심을 청구할 수 있는지?

A100 청구할 수 있습니다.

중국법의 규정에 따르면 당사자가 법원의 조정이 자원원칙에 위배됨을 입증할 수 있거나 또는 조정합의서의 내용이 불법일 경우에는 재심을 청구할 수 있습니다.

다만, 이미 법적 효력을 발생한 혼인관계 해제에 관한 조정서에 대해서는 재심을 청구할 수 없습니다.

아울러 조정서에 대한 재심 청구는 조정서가 법적 효력을 발생한 후 6개월 내에 제출하여야 합니다.

구체적인 법률근거 중국 민사소송법 제201조, 제202조
중국 민사소송법 해석 제384조

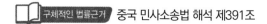

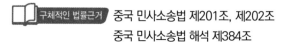

Q101 당사자가 재심을 청구하였을 경우 확정판결의 집행은 정지되는지?

A101 아닙니다.

당사자가 재심을 청구하였다 하더라도 중국법원은 확정판결의 집행을 멈추지 않습니다.

다만, 법원이 심사를 거쳐 확정판결에 대한 재심을 결정하였을 경우에는 확정판결의 집행을 중지하게 됩니다.

구체적인 법률근거 중국 민사소송법 제199조, 제206조

Q102 재심 청구 기한은 어떻게 되는지?

A102 당사자는 판결 또는 결정이 법적 효력을 발생한 후 6개월 내에 재심을 청구하여야 합니다.

다만, 다음과 같은 상황의 하나에 부합될 경우에는 해당 상황을 알거나 응당 알아야 하는 날로부터 6개월 내에 재심을 청구해야 합니다.

① 원 판결·결정을 번복하기 충분한 새로운 증거가 있는 경우

② 원 판결·결정에서 인정한 사실의 주요 증거가 위조된 경우

③ 원 판결·결정의 근거로 되는 법률문서가 파기 또는 변경된 경우

④ 재판인원이 당해 사건을 심리할 때 횡령·수뢰하거나 부정행위로 사리사욕을 채우거나 법을 왜곡하여 재판한 경우

구체적인 법률근거 중국 민사소송법 제205조

Q103 재심 청구에 있어서 법원에 제출하여야 하는 서류는?

A103 재심 청구에 있어서는 관할법원에 다음과 같은 서류를 제출하여야 합니다.

① 재심 청구서

② 재심 청구인 신분 관련 서류

- 자연인일 경우 : 신분증 사본
- 회사일 경우 : 사업자등록증 사본, 법인대표 신분증명서

※ 대리인을 선임하여 재심을 청구할 경우에는 위임장과 대리인의 신분증 사본도 제출하여야 함

③ 원심 판결서, 결정서 또는 조정서

④ 사건의 기본 사실을 반영하는 주요 증거 및 기타 서류

구체적인 법률근거 중국 민사소송법 해석 제377조

Q104 재심 청구서는 어떻게 작성하는지?

A104 재심 청구서에는 다음과 같은 사항을 기재하여야 합니다.

① 청구인과 피청구인 및 원심 기타 당사자의 기본 정보

- 당사자가 자연인일 경우 : 이름, 성별, 연령, 민족, 직업, 근무처, 주소, 연락처
- 당사자가 회사일 경우 : 명칭, 주소, 법인대표의 이름·직무·연락처

② 원심 법원의 명칭, 원심 재판문서 사건 번호

③ 구체적인 재심 청구

④ 재심을 청구하는 법정사유(法定情形) 및 구체적인 사실과 이유

재심 청구서에는 해당 청구를 접수하는 법원의 명칭을 명확히 기재하고 청구인이 서명 또는 날인하여야 합니다.

구체적인 법률근거 중국 민사소송법 해석 제378조

예시

재심 청구서

재심 청구인(1심 원고, 2심 상소인) : 광화문 주식회사
주소 : 한국 서울시 마포구 마포대로 1000호
법인대표 : 홍길동　　직무 : 대표이사
전화번호 : +82-2-69590780

대리인 : 한영호
근무처 : 베이징시 리팡법률사무소
직무 : 변호사

피청구인(1심 피고, 2심 피상소인) : 베이징 대성무역유한회사
주소 : 중국 베이징시 조양구 왕징대로 118호
법인대표 : 왕중화　　직무 : 동사장

청구인은 피청구인과의 대금 분쟁 사건에 관하여 베이징시 제3 중급법원이 2020년 7월 1일에 내린 XXX호 민사판결에 불복하여 재심을 청구한다.

재심 청구사항 :
베이징시 제3 중급법원의 XXX호 민사판결을 파기하고 법에 따라 다시 심리하라.

재심을 청구하는 법정사유 :
중국 민사소송법 제200조의 규정에 따르면 원 판결에서 인정한 기본사실이 증거가 부족한 경우 및 원 판결에서 인정한 사실의 주요 증거가 대질 절차를 거치지 않은 경우, 법원은 응당 재심을 진행하여야 한다.

사실과 이유 :
2019년 2월1일 청구인과 피청구인은 자동차 부품 매매계약을 체결하였다. 매매계약의 규정에 따르면 청구인은 2019년 3월 1일까지 피청구인에게 2만 개의 자동차 부품을 납품하여야 하고, 피청구인은 자동차 부품을 납품 받은 후 1개월 이내에 청구인에게 100만 달러의 대금을 지급하여야 하며, 피청구인이 위 대금 지급을 지체할 경우에는 연리 20%의 기준에 따라 청구인에게 위약금을 지불하여야 한다.
매매계약 체결 후 청구인은 약정에 따라 2019년 3월 1일까지 2만 개의 자동차 부품을 납품하였으나 피청구인은 정당한 이유 없이 대금 지급의무를 이행하지 않았다.
따라서 청구인은 원심 법원에 피청구인이 모든 대금 및 위약금을 지불하고 청구인이 납부한 본건 소송의 인지대를 부담할 것을 명하는 취지의 판결을 청구하였으나 원심 법원은 청구인의 모든 소송청구를 기각하는 원 판결을 내렸으며 원심 법원은 사실 인정에 있어서 다음과 같은 중대한 오류가 존재한다.

1. 원심 법원은 피청구인이 대금을 지급하지 않은 이유는 청구인이 납품한 자동차 부품에 품질 하자가 있기 때문이라고 인정하였지만 품질에 하자가 있음을 입증하는 증거는 피청구인이 일방적으로 의뢰한 감정인이 작성한 감정의견서 뿐이기에 증거가 부족하다.
2. 청구인이 감정의견서에 대해 이의가 있음에도 불구하고 감정인은 법정에 출석하여 감정의견서에 대한 대질 심문을 받지 않았다.

따라서 청구인은 귀 법원에서 원 판결을 파기하고 이 사건을 법에 따라 다시 심리하여 공정하고 공평한 판결을 내려 줄 것을 강력히 요청하는 바이다.

베이징시 고급법원 귀중

청구인 : 광화문 주식회사
대리인 : 한영호 (서명)
일자 : 2020년 8월 1일

제7장

강제집행

제7장
강제집행

드디어 소송의 마지막 문턱까지 다다랐습니다. 많은 시간과 비용을 써 가면서 힘들게 소송을 준비하고 법정에서 상대방 당사자와 얼굴을 붉히며 싸운 목적은 승소이지만 승소하였다 해도 피고가 법원의 판결대로 채무를 이행하지 않으면 소송은 아무런 의미가 없습니다.

중국에서는 몇 년 전만 해도 약 60%의 승소 판결에 있어서 피고가 판결서에 기재된 내용에 따라 채무를 이행하지 않아 법원의 강제집행이 필요했습니다. 지금은 많이 개선되었다고는 하지만 아직도 상당히 많은 승소 판결에 대해서 최종적으로는 법원의 강제집행에 의거해야 한다는 것이 현실입니다.

Q105 피고가 확정판결에 규정된 대금 지급 의무를 이행하지 않을 경우의 대응 방법은?

A105 피고가 확정판결에 규정된 대금 지급 의무를 이행하지 않을 경우, 원고는 법원에 강제집행을 신청할 수 있으며, 법원의 집행관은 강제집행 신청서를 받은 후 10일 내에 피고에게 집행통지서를 발송하여야 합니다.

피고가 집행통지서에 따라 확정판결에 규정된 대금 지급 의무를 이행하지 않을 경우, 법원은 다음과 같은 강제집행 조치를 취할 수 있습니다.

① **피고의 재산상황 보고**

- 법원은 피고에게 목전 및 집행통지서를 받기 전 1년간의 재산상황을 보고하도록 명합니다.

- 피고가 보고를 거부하거나 허위보고를 제공하는 경우, 법원은 정상에 따라 피고 또는 그 법인대표에게 과태료를 부과하고 당사자를 구류할 수 있습니다.

② **피고 재산에 대한 조회 및 수색**

- 법원은 관련부서에 피고의 예금, 회사채(债券), 주식, 펀드지분(基金份额), 부동산, 자동차 등 재산상황을 조회할 수 있습니다.
- 피고가 재산을 은닉할 경우, 법원은 수색 영장을 발부하여 피고의 신체, 거주지 또는 기타 장소를 수색할 수 있습니다.

③ **피고 재산 및 수입 확보**

- 법원은 피고의 재산에 대한 압류, 동결, 이체, 인출, 매각 및 경매 조치를 취할 수 있습니다.

경우에 따라서 법원은 피고에게 강제집행 통지서를 발송함과 동시에 즉시 상기 강제집행 조치를 취할 수도 있습니다.

상기 강제집행 절차를 진행하였음에도 불구하고 피고가 채무를 변제하지 않을 경우, 원고는 피고를 상대로 법원에 신용불량 등기 신청을 함과 동시에 피고 또는 그 법인대표에 대한 사치 금지령을 신청할 수 있습니다.

법인대표가 사치 금지령을 받은 경우에는 해당 기업이 채무를 변제하기까지 출국, 비행기 및 고속 열차 탑승, 고급 호텔 숙박, 아파트 및 자동차 구매, 골프장 이용, 은행 대출 등이 금지되기에 아주 큰 불편함을 겪어야 하며 사실상 비즈니스를 진행할 수 없습니다.

중국 최고 부호로 손꼽혔던 완다그룹 왕젠린의 외동아들인 왕스충도 2019년에 중국법원의 판결을 이행하지 않아 사치 금지령을 받은 후 더 이상 버티지 못하고 채무를 변제한 사례가 있습니다.

구체적인 법률근거 중국 민사소송법 제240조, 제241조, 제242조, 제243조, 제244조, 제248조, 제255조
중국 민사소송법 해석 제482조 1항

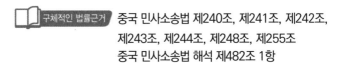

Q106 강제집행 절차에 있어서 봉인·압류·동결 기한은 어떻게 되는지?

A106 강제집행 절차에 있어서 법원이 피집행인의 재산에 대한 봉인·압류·동결 기한은 재산의 종류에 따라 다르며 구체적으로 다음과 같습니다.

재산종류	봉인·압류·동결 기한
예금	1년 이하
부동산 이외의 유체물	2년 이하
부동산 및 기타 재산권리	3년 이하

강제집행 신청인이 봉인·압류·동결 기간의 연장을 요청할 경우, 법원은 기한 만료 전에 해당 연장 절차를 진행하여야 하며 연장된 기간도 위 기한을 준수하여야 합니다.

아울러 법원은 강제집행 신청인의 요청이 없을 경우에도 직권으로 해당 기간 연장 절차를 진행할 수 있습니다.

구체적인 법률근거 중국 민사소송법 해석 제487조

Q107 강제집행 신청은 어느 법원에 제기하여야 하는지?

A107 확정판결에 대한 강제집행 신청은 해당 판결의 1심 법원 또는 1심법원과 동급인 피 집행재산 소재지의 법원에 제기하여야 합니다.

예컨대 A사가 B사를 상대로 진행한 대금 청구 소송의 1심 관할법원은 베이징시 조양구 법원이고 2심 관할법원은 베이징시 제3중급법원입니다. A사는 2심에서 승소 확정판결을 받았으나 B사는 판결서에 규정된 대금 지급 의무를 이행하지 않았습니다. B사는 베이징에는 재산이 없고 상하이시 포동구에 부동산을 보유하고 있습니다. 상술한 경우 A사는 베이징시 조양구 법원 또는 상하이시 포동구 법원에 강제집행 신청을 제기할 수 있습니다.

구체적인 법률근거 중국 민사소송법 제224조 1항

Q108 강제집행 비용의 기준은 어떻게 되는지?

A108 중국법원에 피집행인의 재산에 대한 강제집행을 신청할 경우, 법원이 수취하는 강제집행 비용의 기준은 다음과 같습니다.

강제집행 금액	강제집행 비용
1만 위안 이하 부분	50위안
1만 위안 초과 50만 위안 이하 부분	1.5%
50만 위안 초과 500만 위안 이하 부분	1.0%
500만 위안 초과 1,000만 위안 이하 부분	0.5%
1,000만 위안 초과 부분	0.1%

예컨대 신청한 강제집행 금액이 60만 위안(한화 약 1억 원)일 경우, 중국법원에 납부하여야 하는 강제집행 비용은 다음과 같습니다.

50위안+(49만 위안×1.5%)+(10만 위안×1.0%)=8,400위안

구체적인 법률근거 소송비용 납부 방법 제14조

Q109 법원이 강제집행을 지연할 경우의 대응방법은?

A109 중국법원이 강제집행 신청서 접수일로부터 6개월이 경과되어도 이를 집행하지 않은 경우, 신청인은 원 법원보다 한 급 높은 법원에 강제집행을 신청할 수 있습니다.

한 급 높은 법원은 해당 신청에 대해 심사한 후 원 법원에 기한부 집행을 명하거나 자체적으로 집행하거나 또는 기타 법원에 집행을 명할 수도 있습니다.

다만, 여기에서 말하는 "법원이 강제집행 신청서 접수일로부터 6개월이 경과되어도 이를 집행하지 아니한 경우"란 일반적으로 피집행인에게 집행할 수 있는 재산이 있음에도 불구하고 법원이 정당한 이유 없이 강제집행을 지연하거나 태만하는 경우로 제한합니다.

구체적인 법률근거 중국 민사소송법 제226조

Q110 강제집행 신청 시효는 어떻게 되는지?

A110 강제집행 신청 시효는 2년입니다.

강제집행 신청 시효는 확정판결에 규정된 이행 기간의 최종일로부터 기산하며, 확정판결에 분할 이행하기로 규정한 경우에는 규정한 매번 이행기간의 최종일로부터 기산합니다.

예컨대 확정판결에 있어서 A사가 B사에게 지급하여야 하는 대금 총액은 50만 위안이며, A사는 2018년 1월부터 5월까지 5회에 나누어 매월 5일에 10만 위안의 대금을 지급하여야 한다고 규정하였지만, A사는 3월분과 5월분의 대금을 지급하지 않았습니다. 상술한 경우, A사가 3월분과 5월분의 대금 지급에 대해 강제집행을 신청할 수 있는 마감일은 각각 2020년 3월 6일과 5월 6일로 됩니다.

그밖에, 확정판결에 채무 이행 기한이 규정되어 있지 않을 경우에는 확정판결의 효력 발생일로부터 강제집행 신청 시효를 기산하게 됩니다.

구체적인 법률근거 중국 민사소송법 제239조

Q111 법원은 시효가 만료된 강제집행 신청을 접수하는지?

A111 일단 접수합니다.

다만, 피집행인이 강제집행 신청 시효에 대해 이의를 제출할 경우, 중국법원은 심사를 진행하고 이의가 성립된다고 판단하면 강제집행을 거절하는 결정을 내립니다.

다만, 피집행인이 확정판결에 규정된 일부 또는 전부의 채무를 변제한 후 강제집행 신청 시효가 만료되었음을 알지 못하였다는 이유로 이미 변제한 채무의 반환을 신청할 경우 법원은 이를 받아들이지 않습니다.

구체적인 법률근거 중국 민사소송법 해석 제483조

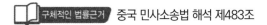

Q112 피집행인에게 재산이 없을 경우 그 채무는 면제되나요?

A112 면제되지 않습니다.

중국법원이 피집행인의 재산에 대한 조회·압류·동결·이체·인출·매각·경매 등 강제조치를 취하였음에도 불구하고 확정판결에 규정된 채무를 전부 이행할 수 없고 또한 현재 보유하고 있는 다른 재산이 없더라도 피집행인은 계속하여 무기한으로 채권자에게 채무를 변제할 의무가 있습니다.

아울러 채권자가 피집행인에게 다른 재산이 있는 것을 발견하였을 경우에는 수시로 법원에 강제집행을 신청할 수 있습니다.

구체적인 법률근거 중국 민사소송법 제254조

Q113 강제집행 절차에 있어서 중국법원이 사건과 관계없는 한국기업의 설비를 압류하였을 경우의 대응방법은?

A113 이러한 경우 한국기업은 해당 강제집행 절차가 종결되기 전에 소외인의 신분으로 중국법원에 집행목적물에 대한 서면 이의를 제출할 수 있습니다.

법원은 소외인의 서면 이의를 접수한 후 15일 내에 심사하고 이유가 성립된다고 판단할 경우에는 해당 목적물에 대한 집행을 중지하는 취지의 결정을 내리며, 이유가 성립되지 않는다고 판단할 경우에는 이의를 각하합니다.

법원이 소외인의 이의를 각하하는 취지의 결정을 내렸을 경우, 소외인은 위 결정 송달일로부터 15일 내에 강제집행 신청인을 피고로 소송을 제기할 수 있습니다. 피집행인이 소외인의 이의에 대해 반대 의견을 제출하였을 경우에는 피집행인과 강제집행 신청인을 공동피고로 합니다.

예컨대 중국 A사는 B사를 상대로 한 대금 지급 청구 소송에서 승소 확정판결을 받은 후 중국법원에 강제집행을 신청하였으며, 강제집행 절차에 있어서 법원은 B사의 공장에 설치되어 있는 생산설비를 압류하였습니다. 해당 생산설비는 B사가 한국 C사로부터 대여 받은 것입니다.

이러한 상황에서 C사는 법원에 해당 생산설비가 자신의 소유물이므로 A사와 B사 간의 소송 집행목적물로 하여서는 아니됨을 주장하는 서면 이의를 제출할 수 있으며, 법원은 이의를 접수한 후 15일 내에 심사를 진행하고 C사의 이유가 성립된다고 판단할 경우에는 해당 생산설비에 대한 집행을 중지하는 취지의 결정을 내리며, 이유가 성립되지 않는다고 판단할 경우에는 C사의 이의를 각하합니다.

법원이 C사의 이의를 각하하는 결정을 내렸을 경우, C사는 해당 결정서를 송달 받은 날로부터 15일 내에 A사를 피고로 소송을 제기할 수 있으며, B사가 C사의 이의에 대해 반대의견을 제출하였을 경우에는 A사와 B사를 공동피고로 소송을 제기하여야 합니다.

구체적인 법률근거 중국 민사소송법 제227조
중국 민사소송법 해석 제464조, 제465조

Q114 피집행인의 제3자에 대한 채권을 강제집행할 수 있는지?

A114 피집행인이 제3자에 대해 만기된 채권을 보유하고 있을 경우, 중국법원은 해당 채권을 동결하는 결정을 내림과 동시에 강제집행 신청인에게 채무를 이행할 것을 제3자에게 통지할 수 있으나 제3자가 해당 채권에 대해 이의를 제출할 경우 법원은 이에 대한 강제집행 요청을 받아들이지 않습니다.

다만, 제3자가 이미 효력을 발생한 법률문서에 확정된 만기 채권에 대해 반대 의견을 제출할 경우는 제외합니다.

그밖에, 이해관계자가 만기된 채권에 대해 이의를 제출할 경우, 법원은 이의를 접수한 후 15일 내에 심사하고 이유가 성립된다고 판단할 경우에는 해당 채권에 대한 집행을 중지하는 취지의 결정을 내리며, 이유가 성립되지 않는다고 판단할 경우에는 이의를 각하합니다.

법원이 이해관계자의 이의를 각하하는 취지의 결정을 내렸을 경우, 이해관계자는 위 결정 송달일로부터 15일 내에 강제집행 신청인을 피고로 소송을 제기할 수 있습니다. 피집행인이 이해관계자의 이의에 대해 반대 의견을 제출하였을 경우에는 피집행인과 강제집행 신청인을 공동피고로 합니다.

구체적인 법률근거 중국 민사소송법 해석 제501조

Q115 여러 명의 채권자가 동일한 회사에 대해 강제집행을 신청하였을 경우 어떻게 처리하는지?

A115 먼저 중국법원은 피집행인의 재산을 처분하여 매각한 후 집행비용을 공제하고 담보권 등 우선 변제권이 있는 채권을 청산합니다.

그 다음, 일반 채권에 대해서는 해당 재산에 대한 가압류 및 집행 절차 중의 봉인·압류·동결 순서에 따라 변제하게 됩니다.

다만, 피집행인이 파산조건에 부합될 경우 강제집행 업무 관할법원(이하 "집행법원"이라 함)은 강제집행 신청인 중의 한 명 또는 피집행인의 동의를 거쳐 강제집행 절차를 중지하고, 집행사건 관련 서류를 피집행인 소재지의 파산업무 관할법원(이하 "파산법원"이라 함)에 이관합니다.

파산법원이 파산사건 접수를 결정하였을 경우 집행법원은 피집행인의 재산에 대한 가처분 조치를 해제하며, 파산법원이 피집행인의 파산을 선고하였을 경우 집행법원은 피집행인에 대한 집행을 종결합니다.

이와 반대로 파산법원이 피집행인에 대한 파산을 접수하지 않을 경우, 집행법원은 강제집행 절차를 회복하게 됩니다.

구체적인 법률근거 중국 민사소송법 해석 제513조, 제515조, 제516조

제8장

섭외민사소송

제8장
섭외민사소송

한국기업이 중국기업을 상대로 중국법원에서 진행하는 채권회수 소송은 중국법상 섭외민사소송에 속합니다. 섭외민사소송은 여러 가지 절차의 기한, 소송문서의 송달 등 방면에 있어서 일반적인 민사소송과 다른 일부 특별한 규정이 적용되기에 미리 알아 두시기 바랍니다.

Q116 섭외민사소송이란 어떤 사건들을 말하는지?

A116 중국법원에서 진행하는 민사소송에 다음과 같은 상황의 하나가 존재할 경우에는 섭외민사소송에 해당합니다.

① 당사자 일방 또는 쌍방이 외국인, 무국적인, 외국기업 또는 단체일 경우

② 당사자 일방 또는 쌍방의 일상 거소지가 중국 영역 외에 있을 경우

③ 소송목적물이 중국 영역 외에 있을 경우

④ 민사관계의 형성, 변경 또는 소멸에 관한 법률사실이 중국 영역 외에서 발생하였을 경우

⑤ 섭외민사사건으로 인정할 수 있는 기타 상황

구체적인 법률근거 중국 민사소송법 해석 제522조

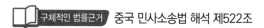

Q117 중국 내에 거소지가 없는 당사자에게는 어떻게 소송문서를 송달하는지?

A117 중국법원이 중국 내에 거소지가 없는 당사자에게 소송문서를 송달할 경우에는 다음과 같은 방식을 취할 수 있습니다.

① 송달수령인 소재국과 중국이 체결하였거나 공동으로 참가한 국제조약에 규정된 방식으로 송달함

② 외교경로를 통하여 송달함

③ 송달수령인이 중국 국적을 가진 경우에는 송달수령인 소재국 주재 중국 대사관이나 영사관에 위탁하여 대리 송달하게 할 수 있음

④ 송달수령인을 대리하여 소송문서를 수령할 권한이 있는 소송대리인에게 송달함

⑤ 송달수령인이 중국 내에 설치한 대표기구나 송달수령권이 있는 지사, 업무대리인에게 송달함

⑥ 송달수령인 소재국가의 법률이 우편송달을 허용하는 경우 우편으로 송달할 수 있으며, 우송일로부터 만 3개월이 경과하여도 송달수령증이 반송되지 않았지만 여러 가지 상황에 근거하여 이미 송달되었음을 충분히 인정할 수 있을 경우에는 기간 만료일을 송달일로 간주함

⑦ 팩스, 전자메일 등 송달수령인이 받았음을 확인할 수 있는 방식으로 송달함

⑧ 상술한 방식으로 송달할 수 없을 경우에는 공시송달을 하며, 공시일로부터 만 3개월이 경과하면 송달된 것으로 간주함

실무상에서 중국법원이 한국 당사자에 소송문서를 송달할 경우에는 중·한 양국 간에 체결한 사법공조조약의 규정에 따라 중국 사법부가 한국 대법원 행정처를 통해 한국 당사자에게 송달하는 방식을 많이 이용하며 소요되는 기간은 2~3개월 정도입니다.

구체적인 법률근거 중국 민사소송법 제267조

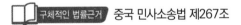

Q118 외국 당사자가 제출하는 소송문서에는 특별한 요구가 있는지?

A118 섭외민사소송에 있어서 외국 당사자가 제출하는 변호사 위임장, 법인대표 신분증명서, 법인대표 여권, 사업자등록증 등 신분 관련 증명서류는 해당 소재국에서의 공증 및 중국 영사관의 인증 절차를 거쳐야 합니다.

Q119 외국 당사자의 답변서 제출 기한은 어떻게 되는지?

A119 섭외민사소송 절차에 있어서 피고가 중국 내에 주소지가 없는 외국 당사자일 경우에는 중국법원으로부터 소장 사본을 송달 받은 날로부터 30일 내에 답변서를 제출해야 합니다.

참고로 피고가 외국기업이나 외국인일지라도 중국 내에 주소지가 있을 경우에는 소장 사본을 송달 받은 날로부터 15일 내에 답변서를 제출하여야 합니다.

구체적인 법률근거 중국 민사소송법 제125조, 제268조

Q120 외국 당사자의 상소 기한은 어떻게 되는지?

A120 섭외민사소송 절차에 있어서 중국 내에 주소지가 없는 외국 당사자가 1심 판결 또는 결정에 불복할 경우에는 판결문 또는 결정서를 송달 받은 날로부터 30일 내에 상소하여야 합니다.

참고로 중국 내에 주소지가 있는 외국 당사자가 1심 판결에 불복할 경우에는 판결문을 송달 받은 날로부터 15일 내에, 1심 결정(예컨대 관할권 이의 결정)에 불복할 경우에는 결정서를 송달 받은 날로부터 10일 내에 상소하여야 합니다.

상소장은 1심 법원을 통해 제출해야 하며 상대방 당사자의 인수에 해당하는 사본을 제출하여야 합니다. 당사자가 직접 2심 법원에 상소할 경우, 2심 법원은 5일 내에 상소장을 1심 법원에 이송합니다.

구체적인 법률근거 중국 민사소송법 제164조, 제166조, 제269조

Q121 섭외민사소송의 개정 심리 절차는 어떻게 되는지?

A121 섭외민사소송의 개정 심리 절차는 국내민사소송의 경우와 동일합니다.

구체적인 내용은 Q72에 대한 답변을 참조하여 주십시오.

Q122 섭외민사소송에 있어서 외국 당사자는 반드시 법정에 출석하여야 하는지?

A122 아닙니다.

외국 당사자가 대리인을 선임하였을 경우에는 중국 법정에 출석할 필요가 없습니다.

Q123 섭외민사소송의 판결 기한은 어떻게 되는지?

A123 국내민사소송에 있어서 중국법원은 1심 사건의 입건일로부터 6개월 내에 판결을 내려야 하며, 원 판결에 불복한 상소 사건일 경우에는 2심 입건일로부터 3개월 내에 확정판결을 내려야 합니다.

다만, 섭외민사소송에 있어서는 위 기한이 적용되지 않기에 국내민사소송에 비해 소송기간이 훨씬 많이 지연되는 경우가 적지 않게 존재합니다.

구체적인 법률근거 중국 민사소송법 제149조, 제176조, 제270조

Q124 중국법원은 외국법원의 민사판결을 승인·집행하여 주는지?

A124 다음과 같은 조건들을 전부 충족하는 것을 전제로 중국법원은 외국법원의 민사판결을 승인·집행하여 줄 수 있습니다.

① 이미 법적 효력을 발생한 외국법원의 판결이어야 함

② 중국과 상대방 국가가 상호 간의 민사판결을 승인·집행하는 국제조약에 가맹하였거나 또는 상대방 국가의 법원이 중국법원의 민사판결을 승인·집행한 실적이 있음

③ 외국법원의 민사판결이 중국법의 기본 원칙에 위배되지 않음

④ 외국법원의 민사판결이 중국의 국가 주권, 안전 및 사회공공이익에 해를 끼치지 않음

구체적인 법률근거 중국 민사소송법 제281조

Q125 한국법원이 중국법원의 민사판결을 승인·집행한 사례는 있는지?

A125 있습니다.

한국법원이 중국법원의 민사판결을 승인·집행한 사례의 개요는 다음과 같습니다.

- 1998년 중국 산둥성 웨이팡시 중급법원은 한국수출보험공사가 중국공상은행을 상대로 제기한 신용장 대금지급 청구소송에서 한국수출보험공사의 청구를 기각하는 판결을 내림
- 산둥성 웨이팡시 중급법원의 판결이 확정된 후, 한국수출보험공사는 동일한 이유로 중국공상은행을 상대로 서울지방법원에 신용장 대금지급 청구소송을 제기함
- 1999년 11월 서울지방법원은 산둥성 웨이팡시 중급법원의 확정판결을 이유로 한국수출보험공사의 청구를 기각함

즉, 서울지방법원이 웨이팡시 중급법원의 민사판결을 승인·집행하였다고 볼 수 있음

Q126 중국법원이 한국법원의 민사판결을 승인·집행한 사례는 있는지?

A126 한국법원이 일찍이 중국법원의 민사판결을 승인·집행한 위 사례와 반대로 중국법원은 2019년 전까지는 줄곧 한국법원의 민사판결에 대한 승인·집행을 거절하여 왔으며 대표적인 사례는 다음과 같습니다.

〈사례1〉

- 2010년 12월 서울 서부지방법원은 한국 주식회사 SPRING COMM(원고)과 한국인 박 씨(피고) 간의 손해배상청구 소송에 있어서 원고 승소 판결을 내림과 동시에 피고에게 한화 1.9억 원 및 지연이자 지급을 명함
- 한국법원의 판결이 확정된 후, 원고는 중국 광둥성 선전시 중급법원에 위 확정판결을 승인·집행하여 줄 것을 청구함
- 2011년 9월 선전시 중급법원은 중국과 한국이 상호 간의 민사판결을 승인·집행하여 주는 국제조약에 가맹하지도 않았고, 또한 한국법원이 중국법원의 민사판결을 승인·집행한 실적도 없음을 이유로 거절함

〈사례2〉

- 2014년 11월 서울 남부지방법원은 중국인 장 씨(원고)와 중국인 계 씨(피고) 간의 이익배당금 분쟁에 관하여 원고 승소 판결을 내림
- 2014년 12월 원고는 중국 랴오닝성 선양시 중급법원에 한국법원의 위 확정판결을 승인·집행하여 줄 것을 청구함
- 2015년 4월 선양시 중급법원은 중국과 한국이 상호 간의 민사판결을 승인·집행하여 주는 국제조약에 가맹하지도 않았고, 또한 한국법원이 중국법원의 민사판결을 승인·집행한 실적도 없음을 이유로 거절함

그러다가 중국법원은 2019년에 처음으로 한국법원의 민사판결을 승인·집행하여 주었으며 구체적으로 다음과 같습니다.

〈사례3〉

- 2017년 7월 수원 지방법원은 한국인 최 씨(원고)와 한국인 윤 씨(피고) 간의 대여금 반환 청구 소송에 있어서 원고 승소 판결을 내림과 동시에 피고에게 한화 8,000만 원의 원금 및 지연이자 지급을 명함
- 2018년 10월 원고는 중국 산둥성 칭다오시 중급법원에 한국법원의 위 확정판결을 승인·집행하여 줄 것을 청구함
- 2019년 3월 칭다오시 중급법원은 서울지방법원이 1999년 11월에 산둥성 웨이팡시 중급법원의 확정판결을 승인·집행한 실적이 있음을 이유로 수원 지방법원의 판결을 승인·집행하는 취지의 판결을 내림

위 사례로 인해 향후 한국법원의 민사판결이 중국법원에 의해 승인·집행될 가능성이 높을 것으로 예상됩니다.

Q127 한국법원의 민사판결에 대한 승인·집행 청구는 어느 법원에 제출해야 하는지?

A127 중국에서 한국법원의 민사판결을 승인·집행 받기 위해서는 청구인이 피청구인 주소지 또는 피청구인 재산 소재지의 관할 중급법원에 청구서를 제출하여야 합니다.

예컨대 피청구인이 베이징시에 주소지가 있거나 피청구인의 재산이 베이징시에 소재하여 있을 경우, 청구인은 베이징시 제4 중급법원에 청구서를 제출하여야 합니다.

구체적인 법률근거 중국 민사소송법 제224조 2항, 제281조

Q128 중국에서 한국법원의 민사판결을 승인·집행 받기 위해서는 어떤 서류를 제출해야 하는지?

A128 중국법에는 명확한 규정이 없지만 저희들이 최근 중국에서 한국 대법원의 민사판결을 승인·집행 받기 위해 청구인을 대리하여 베이징시 제4 중급법원에 제출한 서류 리스트는 다음과 같습니다.

순번	서류명칭	원본/사본	비고
1	외국법원 판결 승인·집행 청구서	원본	
2	한국법원이 과거에 중국법원의 민사판결을 승인한 판결서	사본	한국에서 중문 번역 공증 및 인증을 하여야 함
3	청구인과 피청구인 간의 한국법원 1심, 2심 및 3심 민사판결서	사본	한국에서 중문 번역 공증 및 인증을 하여야 함
4	한국법원 민사판결서 송달증명 서류	사본	한국에서 중문 번역 공증 및 인증을 하여야 함
5	한국법원 민사판결서 집행증명 서류	사본	한국에서 중문 번역 공증 및 인증을 하여야 함
6	피청구인의 신분 관련 서류	사본	
7	피청구인의 재산 정보	사본	
8	변호사 위임장	원본	한국에서 공증, 인증하여야 함
9	법인대표 신분증명서	원본	한국에서 공증, 인증하여야 함
10	법인대표 여권	사본	한국에서 공증, 인증하여야 함
11	사업자등록증	사본	한국에서 공증, 인증하여야 함

Q129 한국법원의 민사판결 승인·집행 관련 청구서를 제출하기 전에 피청구인의 재산에 대한 가압류가 가능한지?

A129 중국법에는 이에 대한 명확한 규정이 없습니다.

참고로 최근 저희들이 베이징시 제4 중급법원에서 한국 대법원 민사판결의 승인·집행에 관한 청구업무를 진행한 실무 경험에 의하면, 동 법원은 외국법원 민사판결의 승인·집행 관련 청구서를 접수하기 전에 피청구인의 재산에 대한 가압류 청구를 받아들이지 않습니다.

Q130 한국법원 민사판결의 승인·집행 관련 청구서를 접수한 후에 피청구인의 재산에 대한 가압류가 가능한지?

A130 이러한 상황에 대해서도 중국법에는 명확한 규정이 없습니다.

다만, 최근 저희들이 베이징시 제4 중급법원에서 한국 대법원 민사판결의 승인·집행에 관한 청구업무를 진행한 실무 경험에 의하면, 동 법원은 외국법원 민사판결의 승인·집행 관련 청구서를 접수한 후 피청구인이 재산을 은닉할 가능성이 높다고 판단될 경우에는 그 재산에 대한 가압류 청구를 받아들입니다.

다만, 위 가압류 절차에 있어서 청구인은 법원의 명에 따라 한국의 보증보험증권과 비슷한 형태의 담보를 제공하여야 합니다.

부 록

▪▪▪ 이 책에서 사용되는 중국법률 리스트

한글 명칭	한글 약칭	중문 명칭	시행일
중화인민공화국 변호사법	중국 변호사법	中华人民共和国律师法	2018.01.01
중화인민공화국 민사소송법	중국 민사소송법	中华人民共和国民事诉讼法	2017.06.27
〈중화인민공화국 민사소송법〉 적용에 관한 최고인민법원의 해석	중국 민사소송법 해석	最高人民法院关于适用《中华人民共和国民事诉讼法》的解释	2015.02.04
변호사 서비스비용 수취 관리방법	---	律师服务收费管理办法	2006.12.01
중화인민공화국 민법총칙	중국 민법총칙	中华人民共和国民法总则	2017.10.01
중화인민공화국 계약법	중국 계약법	中华人民共和国合同法	1999.10.01
민사소송 증거에 관한 최고인민법원의 약간의 규정	중국 민사소송 증거규정	最高人民法院关于民事诉讼证据的若干规定	2020.05.01
소송비용 납부 방법	---	诉讼费用交纳办法	2007.04.01

제1편 총칙

제1장 임무, 적용범위 및 기본원칙

제1조 중화인민공화국 민사소송법은 헌법에 근거하고 우리나라 민사재판업무의 경험과 실제상황에 결부하여 제정한다.

제2조 중화인민공화국 민사소송법의 임무는 당사자의 소송권리 행사를 보호하고 인민법원이 사실을 규명하고 시비를 가르며 법률을 정확하게 적용하고 민사사건을 적시에 심리하며 민사상 권리와 의무 관계를 확인하고 민사상 위법행위를 제재하도록 담보하며 당사자의 합법적 권익을 보호하고 공민을 교양하여 의식적으로 법률을 준수하도록 하며 사회질서 및 경제질서를 수호하고 사회주의 건설사업의 순조로운 진행을 보장하는 것이다.

제3조 인민법원이 공민 간, 법인 간, 기타 단체(组织) 간 및 그들 상호간에 재산관계와 인신관계로 인해 제기하는 민사소송을 접수할 경우에는 이 법의 규정을 적용한다.

제4조 중화인민공화국 영역 내에서 진행하는 민사소송은 반드시 이 법을 준수하여야 한다.

제5조 ① 외국인, 무국적인, 외국기업 및 단체가 인민법원에서 소송을 제기하거나 응소할 경우에는 중화인민공화국 공민, 법인 및 기타 단체와 동등한 소송 권리와 의무를 가진다. ② 외국법원이 중화인민공화국 공민, 법인 및 기타 단체의 민사소송권리를 제한하는 경우 중화인민공화국 인민법원은 당해 국가의 공민, 기업 및 단체의 민사소송권리에 대해 대등한 원칙을 실시한다.

제6조 ① 민사사건의 재판권은 인민법원이 행사한다. ② 인민법원은 법률 규정에 따라 민사사건을 독자적으로 재판하며 행정기관, 사회단체 및 개인의 간섭을 받지 않는다.

제7조 인민법원은 민사사건을 심리함에 있어서 반드시 사실을 근거로 하고 법률을 기준으로 하여야 한다.

제8조 민사소송 당사자는 평등한 소송권리를 가진다. 인민법원이 민사사건을 심리함에 있어서 당사자가 소송권리를 행사할 수 있도록 보장하고 편의를 제공하여야 하며 당사자에 대한 법률 적용은 일률로 평등해야 한다.

제9조 인민법원은 민사사건을 심리함에 있어서 자원과 합법의 원칙에 근거하여 조정을 진행하여야 하며 조정을 달성하지 못할 경우에는 적시에 판결하여야 한다.

제10조 인민법원은 민사사건을 심리함에 있어서 법률의 규정에 따라 합의(合議), 회피, 공개심판 및 2심 종심제도(终审制度)를 실시한다.

제11조 ① 각 민족의 공민은 모두 자기 민족의 언어와 문자로 민사소송을 진행할 권리가 있다. ② 소수민족이 집거하고 있는 지역 또는 여러 민족이 함께 거주하고 있는 지역에서 인민법원은 당지 민족이 통용하는 언어와 문자로 심리하고 법률문서를 발포하여야 한다. ③ 인민법원은 당지 민족이 통용하는 언어와 문자를 잘 알지 못하는 소송참가자에게 통역을 제공하여야 한다.

제12조 인민법원이 민사사건을 심리할 때 당사자는 변론할 권리를 가진다.

제13조 ① 민사소송은 신의성실의 원칙을 준수하여야 한다. ② 당사자는 법률에 규정된 범위 내에서 자신의 민사상 권리와 소송권리를 처분할 권리를 가진다.

제14조 인민검찰원은 민사소송에 대해 법적 감독을 실시할 권한을 가진다.

제15조 기관, 사회단체, 기업체, 사업체는 국가, 집체(集体) 또는 개인의 민사상 권리와 이익을 침해하는 행위에 대해 손해를 받은 업체 또는 개인을 지원하여 인민법원에 기소할 수 있다.

제16조 민족자치지방의 인민대표대회는 헌법과 이 법의 원칙에 근거하고 당지 민족의 구체적인 상황에 결부하여 융통 또는 보충적 규정을 제정할 수 있다. 자치구(自治区)의 규정은 전국인민대표대회 상무위원회의 허가를 받아야 한다. 자치주(自治州), 자치현(自治县)의 규정은 성(省) 또는 자치구 인민대표대회 상무위원회의 허가를 받고 전국인민대표대회 상무위원회에 등록하여야 한다.

제2장 관할

제1절 심급(级别)관할

제17조 기층(基层)인민법원은 1심 민사사건을 관할한다. 단, 이 법에 별도의 규정이 있는 경우는 제외한다.

제18조 중급(中级)인민법원은 다음 각 호의 1심 민사사건을 관할한다.
1. 중대한 섭외사건(涉外案件)
2. 본 관할구역에서 중대한 영향이 있는 사건
3. 최고(最高)인민법원이 중급인민법원에서 관할하기로 확정한 사건

제19조 고급(高级)인민법원은 본 관할구역에서 중대한 영향이 있는 1심 민사사건을 관할한다.

제20조 최고인민법원은 다음 각 호의 1심 민사사건을 관할한다.
1. 전국적으로 중대한 영향이 있는 사건
2. 최고인민법원이 심리하여야 한다고 인정한 사건

제2절 지역관할(地域管辖)

제21조 ① 공민을 상대로 제기하는 민사소송은 피고 주소지의 인민법원이 관할하며, 피고 주소지와 일상거주지가 일치하지 않을 경우에는 일상거주지의 인민법원이 관할한다. ② 법인 또는 기타 단체를 상대로 제기하는 민사소송은 피고 주소지의 인민법원이 관할한다. ③ 동일한 소송의 복수 피고의 주소지, 일상거주지가 2개 이상의 인민법원의 관할구역에 있을 경우 해당 인민법원은 모두 관할권을 가진다.

제22조 다음 각 호의 민사소송은 원고 주소지의 인민법원이 관할한다. 원고 주소지와 일상거주지가 일치하지 않을 경우에는 원고 일상거주지의 인민법원이 관할한다.

1. 중화인민공화국 영역 내에 거주하지 않는 자에 대해 제기하는 신분관계와 관련된 소송
2. 행방불명자 또는 실종선고를 받은 자에 대해 제기하는 신분관계와 관련된 소송
3. 노동교화(强制性教育措施)를 받고 있는 자에 대해 제기하는 소송
4. 수감자에 대해 제기하는 소송

제23조 계약분쟁으로 인해 제기되는 소송은 피고 주소지 또는 계약 이행지(履行地)의 인민법원이 관할한다.

제24조 보험계약분쟁으로 인해 제기되는 소송은 피고 주소지 또는 보험목적물 소재지의 인민법원이 관할한다.

제25조 어음분쟁으로 인해 제기되는 소송은 어음 지급지 또는 피고 소재지의 인민법원이 관할한다.

제26조 회사 설립, 주주자격 확인, 이윤배당, 해산 등 분쟁으로 인해 제기되는 소송은 회사 주소지의 인민법원이 관할한다.

제27조 철도운송, 도로운송, 수상운송, 항공운송 및 복합운송의 계약분쟁으로 인해 제기되는 소송은 운송 출발지, 목적지 또는 피고 주소지의 인민법원이 관할한다.

제28조 권리침해행위로 인해 제기되는 소송은 권리침해 행위지(行为地) 또는 피고 주소지의 인민법원이 관할한다.

제29조 철도, 도로, 수상 및 항공 사고로 인해 제기되는 손해배상청구소송은 사고 발생지점 또는 차량, 선박이 제일 먼저 도착한 지점, 항공기가 제일 먼저 착륙한 지점 또는 피고 주소지의 인민법원이 관할한다.

제30조 선박충돌 또는 기타 해손사고(海事损害事故)로 인해 제기되는 손해배상청구소송은 충돌 발생지점, 충돌 선박이 제일 먼저 도착한 지점, 가해 선박이 억류된 지점 또는 피고 주소지의 인민법원이 관할한다.

제31조 해난구조비용으로 인해 제기되는 소송은 구조지점 또는 구조된 선박이 제일 먼저 도착한 지점의 인민법원이 관할한다.

제32조 공동해손으로 인해 제기되는 소송은 선박이 제일 먼저 도착한 지점, 공동해손 정산지 또는 항로 종착지의 인민법원이 관할한다.

제33조 다음 각 호의 사건은 이 조에 규정된 인민법원이 전속(专属)관할한다.

1. 부동산 분쟁으로 인해 제기된 소송은 부동산 소재지의 인민법원이 관할한다.
2. 항구작업 중에 발생한 분쟁으로 인해 제기된 소송은 항구 소재지의 인민법원이 관할한다.
3. 유산상속 분쟁으로 인해 제기된 소송은 피상속인 사망시의 주소지 또는 주요유산 소재지의 인민법원이 관할한다.

제34조 계약 또는 기타 재산권익 분쟁의 당사자는 서면계약으로 피고 주소지, 계약 이행지, 계약 체결지(签订地), 원고 주소지, 목적물 소재지 등 분쟁과 실제 관련이 있는 지점의 인민법원에 의한 관할을 선택할 수 있다. 단, 심급관할과 전속관할에 대한 이 법의 규정을 위반하여서는 아니 된다.

제35조 2개 이상의 인민법원이 모두 관할권을 가진 소송은 원고가 그 중의 1개 인민법원에 소송을 제기할 수 있으며, 원고가 관할권을 가진 2개 이상의 인민법원에 소송을 제기하였을 경우에는 제일 먼저 입건한 인민법원이 관할한다.

제3절 이송(移送)관할 및 지정(指定)관할

제36조 인민법원은 접수한 사건이 자기의 관할에 속하지 않음을 발견하였을 경우 관할권이 있는 인민법원에 이송하여야 하며, 이송 받은 인민법원은 이를 접수하여야 한다. 이송 받은 인민법원이 이송된 사건이 규정에 의해 자기의 관할에 속하지 않는다고 인정할 경우에는 상급인민법원에 보고하여 관할을 지정하게 하여야 하며, 자체적으로 다시 이송하여서는 아니 된다.

제37조 ① 관할권이 있는 인민법원이 특수한 원인으로 관할권을 행사할 수 없을 경우에는 상급인민법원이 관할을 지정한다. ② 인민법원 간에 관할권으로 인해 분쟁이 발생하였을 경우 분쟁쌍방이 협상하여 해결한다. 협상하여도 해결할 수 없을 경우에는 그들 공동의 상급인민법원에 보고하여 관할을 지정하도록 한다.

제38조 ① 상급인민법원은 하급인민법원이 관할하는 1심 민사사건을 심리할 권한이 있으며, 자기가 관할하는 1심 민사사건을 하급인민법원에 회부하여 심리하게 할 필요성이 확실할 경우에는 그 상급인민법원에 보고하여 허가를 받아야 한다. ② 하급인민법원은 자기가 관할하는 1심 민사사건을 상급인민법원이 심리할 필요가 있다고 인정할 경우에는 상급인민법원에 심리를 청구할 수 있다.

제3장 재판조직

제39조 ① 인민법원이 1심 민사사건을 심리할 경우에는 법관과 배심원에 의해 공동으로 합의부를 구성하거나 법관으로 합의부를 구성한다. 합의부 구성원의 인수는 반드시 홀수이어야 한다. ② 간이절차를 적용하여 심리하는 민사사건은 법관 1명에 의해 구성된 단독부가 심리한다. ③ 배심원이 배심직무를 집행할 때에는 법관과 동등한 권리, 의무를 가진다.

제40조 ① 인민법원이 2심 민사사건을 심리할 경우에는 법관으로 합의부를 구성한다. 합의부 구성원의 인수는 반드시 홀수이어야 한다. ② 파기환송사건에 대해 원심 인민법원은 1심 절차에 따라 별도로 합의부를 구성하여야 한다. ③ 재심사건의 심리에 있어서 원래 1심 사건일 경우에는 1심 절차에 따라 별도로 합의부를 구성하며, 원래 2심 사건 또는 상급인민법원이 직접 심리한 사건일 경우에는 2심 절차에 따라 별도로 합의부를 구성한다.

제41조 합의부의 재판장은 법원장 또는 정장(庭长)이 법관 1명을 지정하여 담당하게 하며, 법원장 또는 정장이 재판에 참가할 경우에는 법원장 또는 정장이 재판장을 담당한다.

제42조 합의부의 사건 평의는 소수가 다수에 복종하는 원칙을 실시한다. 평의에 있어서는 조서를 작성하고 합의부 구성원이 서명하여야 한다. 평의 중의 다른 의견은 반드시 사실대로 조서에 기재하여야 한다.

제43조 ① 재판인원은 법에 따라 공정하게 사건을 처리하여야 한다. ② 재판인원은 당사자 및 그 소송대리인의 초대에 응하거나 선물을 수수하여서는 아니 된다. ③ 재판인원이 횡령, 수뢰하거나 부정행위로 사리사욕을 채우거나 법을 왜곡하여 재판한 경우에는 법적 책임을 추궁하여야 하며, 범죄를 구성하였을 경우에는 법에 의해 형사책임을 추궁하여야 한다.

제4장 기피

제44조 ① 재판인원은 다음 각 호의 하나에 해당하는 경우에는 회피하여야 하며, 당사자는 구두 또는 서면방식으로 그들의 기피를 신청할 권리를 가진다.

1. 해당 사건의 당사자이거나 당사자, 소송대리인의 근친자일 경우
2. 해당 사건과 이해관계가 있는 경우
3. 해당 사건의 당사자, 소송대리인과 기타 관계가 있어 사건의 공정한 심리에 영향을 끼칠 수 있는 경우

② 재판인원이 당사자, 소송대리인의 초대에 응하거나 선물을 수수하거나 규정을 위반하여 당사자, 소송대리인을 회견하였을 경우, 당사자는 그들의 기피를 요청할 권리가 있다. ③ 재판인원이 전항에 규정된 행위를 하였을 경우에는 법적 책임을 추궁하여야 한다. ④ 위 3개 항의 규정은 서기관, 통역인원, 감정인 및 감증인에게도 적용된다.

제45조 ① 당사자가 기피신청을 제출할 경우에는 이유를 설명하여야 하며, 사건 심리가 시작될 때 제출하여야 한다. 사건의 심리가 개시된 후에 기피사유를 알게 되었을 경우에는 법정변론이 종결되기 전에 제출할 수도 있다. ② 기피신청 대상자는 인민법원이 기피 여부 결정을 하기 전에 잠시 해당 사건의 업무에 참여하지 말아야 한다. 단, 사건에 대해 긴급조치를 강구할 필요가 있을 경우는 제외한다.

제46조 법원장이 재판장을 담당할 때의 기피는 재판위원회(审判委员会)에서 결정하고, 재판원인원의 기피는 법원장이 결정하며, 기타 인원의 기피는 재판장이 결정한다.

제47조 인민법원은 당사자가 제출한 기피신청에 대해 신청 제출 3일 내에 구두 또는 서면 형식으로 결정하여야 한다. 신청자가 결정에 불복할 경우에는 결정서를 받을 때 재의(复议)를 1회 신청할 수 있다. 재의 기간 중 기피신청 대상자는 해당 사건의 업무를 중지하지 않는다. 인민법원은 재의 신청에 대해 3일 내에 재의 결정을 하고 재의 신청자에게 통지하여야 한다.

제5장 소송참가자

제1절 당사자

제48조 ① 공민, 법인 및 기타 단체는 만사소송의 당사자로 될 수 있다. ② 법인은 그 법인대표가 소송을 진행한다. 기타 단체는 그 주요 책임자가 소송을 진행한다.

제49조 ① 당사자는 대리인 위임, 기피신청, 증거의 수집과 제공, 변론, 조정청구, 상소, 집행신청의 권리가 있다. ② 당사자는 해당 사건의 관련 자료를 조회할 수 있으며, 해당 사건의 관련 자료와 법률문서를 복제할 수 있다. 해당 사건의 관련 자료를 조회, 복제하는 범위와 방법은 최고인민법원이 정한다. ③ 당사자는 반드시 법에 따라 소송권리를 행사하고 소송질서를 준수하며 법적 효력을 발생한 판결서, 결정서 및 조정서를 이행하여야 한다.

제50조 당사자 쌍방은 자체적으로 화해할 수 있다.

제51조 원고는 소송청구를 포기하거나 변경할 수 있다. 피고는 소송청구를 승인하거나 반박할 수 있으며 반소를 제기할 권리가 있다.

제52조 ① 당사자 일방 또는 쌍방이 2명 이상이고 그 소송목적물이 동일한 경우, 또는 소송목적물이 동일한 종류이며 인민법원이 병합심리가 가능하다고 인정하고 당사자가 동의한 경우에는 공동소송으로 한다. ② 공동

소송의 일방 당사자가 소송목적물에 대해 공동의 권리와 의무를 가질 경우 그 중 1명의 소송행위는 기타 공동소송인의 승인을 거쳐 기타 공동소송인에 대해서도 효력을 발생하며, 소송목적물에 대해 공동의 권리와 의무가 없을 경우 그중 1명의 소송행위는 기타 공동소송인에 대해 효력을 발생하지 아니한다.

제53조 당사자 일방의 인수가 많은 공동소송은 당사자가 대표자를 선정하여 소송을 진행할 수 있다. 대표자의 소송행위는 그가 대표하는 당사자에 대해 효력을 발생한다. 단, 대표자가 소송청구를 변경, 포기하거나 상대방 당사자의 소송청구를 승인하거나 화해를 할 경우에는 반드시 대표되는 당사자의 동의를 받아야 한다.

제54조 ① 소송목적물이 동일한 종류이고 당사자 일방의 인수가 많아 소송을 제기할 때 인수가 아직 확정되지 않았을 경우 인민법원은 사건의 상황과 소송청구를 공시하여 설명하고 권리자에게 일정한 기간 내에 인민법원에 등록할 것을 통지할 수 있다. ② 인민법원에 등록한 권리자는 대표자를 선정하여 소송을 진행할 수 있다. 대표자를 선정할 수 없을 경우 인민법원은 등록한 권리자와 협상하여 대표자를 확정할 수 있다. ③ 대표자의 소송행위는 그가 대표하는 당사자에 대해 효력을 발생한다. 단, 대표자가 소송청구를 변경, 포기하거나 상대방 당사자의 소송청구를 승인하거나 화해를 할 경우에는 반드시 대표되는 당사자의 동의를 받아야 한다. ④ 인민법원의 판결, 결정은 등록된 전체 권리자에 대해 효력을 발생한다. 등록하지 않은 권리자가 소송 시효 기간 내에 소송을 제기할 경우에는 해당 판결, 결정을 적용한다.

제55조 ① 환경오염, 많은 소비자들의 합법적 권익 침해 등 사회공공이익을 해치는 행위에 대해서 법률에 규정된 기관 및 관련 단체는 인민법원에 소송을 제기할 수 있다. ② 인민검찰원이 직책을 이행하는 중에 생태환경과 자연보호를 파괴하고 식품, 약품 안전 영역에서 많은 소비자들의 합법적 권익을 침해하는 등 사회공공이익을 해치는 행위를 발견하였고 전항에 규정된 기관 및 단체가 없거나 전항에 규정된 기관 및 단체가 소송을 제기하지 않은 상황 하에서 인민검찰원은 인민법원에 소송을 제기할 수 있다. 전항에 규정된 기관 또는 단체가 소송을 제기하였을 경우, 인민검찰원은 소송을 지원할 수 있다.

第56조 ① 당사자 쌍방의 소송목적물에 대해 제3자가 독립적 청구권이 있다고 인정할 경우에는 소송을 제기할 권리를 가진다. ② 당사자 쌍방의 소송목적물에 대해 비록 제3자가 독립적 청구권이 없지만 사건의 처리 결과가 본인과 법률상의 이해관계가 있을 경우에는 소송 참가를 신청할 수 있으며 인민법원이 제3자에게 소송 참가를 통지할 수도 있다. 인민법원으로부터 민사책임 부담을 판결 받은 제3자는 당사자의 소송 권리와 의무를 가진다. ③ 위 2개 항에 규정된 제3자가 본인에게 귀책할 수 없는 사유로 소송에 참가하지 않았으나 법적 효력이 발생한 판결, 결정, 조정서의 일부 또는 전부의 내용에 오류가 있어 그 민사상의 권익을 침해함을 입증할 수 있는 증거가 있을 경우에는 그 민사상의 권익이 침해당하였음을 알거나 응당 알아야 하는 날로부터 6개월 내에 해당 판결, 결정, 조정을 한 인민법원에 소송을 제기할 수 있다. 인민법원은 심리를 거쳐 소송청구가 성립될 경우에는 원 판결, 결정, 조정서를 변경하거나 파기하여야 하며, 소송청구가 성립되지 않을 경우에는 소송청구를 기각하여야 한다.

제2절 소송대리인

第57조 소송행위능력이 없는 자는 그 후견인이 법정대리인(法定代理人)으로서 소송을 대리한다. 법정대리인 간에 서로 대리책임을 회피할 경우에는 인민법원이 그 중의 1명을 지정하여 소송을 대리하게 한다.

第58조 ① 당사자, 법정대리인은 1명 내지 2명을 소송대리인으로 위임할 수 있다. ② 다음 각 호의 인원은 소송대리인으로 위임될 수 있다.

1. 변호사, 기층 법률서비스 업무인원
2. 당사자의 근친자 또는 직원
3. 당사자의 거주지역, 직장 및 관련 사회단체에서 추천한 공민

第59조 ① 타인을 소송대리인으로 위임할 경우에는 반드시 위임인이 서명 또는 날인한 위임장을 인민법원에 제출하여야 한다. ② 위임장에는 위임 사항과 권한을 명기하여야 한다. 소송대리인이 소송청구의 승인, 포기, 변경, 화해, 반소 또는 상소를 대리할 경우에는 반드시 위임인의 특별수권이 있어야 한다. ③ 해외에 거류하는 중화인민공화국 공민이 해외로부터 송부하거나 위탁 제출하는 위임장은 반드시 당해 국가

에 주재하는 중화인민공화국 대사관이나 영사관의 증명을 받아야 한다. 대사관이나 영사관이 없을 경우에는 당해 국가에 주재하는 중화인민공화국과 외교관계가 있는 제3국 대사관이나 영사관의 증명을 받고 다시 그 제3국에 주재하는 중화인민공화국 대사관이나 영사관에 전달하여 증명을 받거나 당지의 애국화교단체(爱国华侨团体)의 증명을 받아야 한다.

제60조 소송대리인의 권한을 변경하거나 해제할 경우에는 당사자가 서면으로 인민법원에 고지하여야 하며 인민법원이 상대방 당사자에게 통지한다.

제61조 소송을 대리하는 변호사와 기타 소송대리인은 증거를 조사, 수집할 권리를 가지며 해당 사건의 관련 자료를 조회할 수 있다. 해당 사건의 관련 자료를 조회하는 범위와 방법은 최고인민법원이 정한다.

제62조 이혼사건에서는 소송대리인이 있어도 당사자가 의사표시를 하지 못하는 경우를 제외하고 본인이 직접 법정에 출석하여야 한다. 당사자가 확실히 특수한 사정이 있어 법정에 출석하지 못하는 경우에는 인민법원에 서면의견을 제출하여야 한다.

제6장 증거

제63조 ① 증거의 종류는 다음 각 호와 같다.

1. 당사자의 진술
2. 서증
3. 물증
4. 시청각 자료(视听资料)
5. 전자데이터
6. 증언
7. 감정의견(鉴定意见)
8. 검증조서(勘验笔录)

② 증거는 조사를 거쳐 확실성이 증명된 후에 만이 사실을 인정하는 근거로 할 수 있다.

第64조 ① 당사자는 자기가 제출한 주장에 대해 증거를 제공할 책임이 있다. ② 당사자 및 그 소송대리인이 객관적 원인으로 인해 자체적으로 수집할 수 없는 증거나 인민법원이 사건 심리에 필요하다고 인정하는 증거는 인민법원이 조사하고 수집하여야 한다. ③ 인민법원은 법정(法定)절차에 따라 증거를 전면적, 객관적으로 심사, 확인하여야 한다.

第65조 ① 당사자는 자기가 제출한 주장에 대해 적시에 증거를 제공하여야 한다. ② 인민법원은 당사자의 주장과 사건의 심리 상황에 근거해 당사자가 제공하여야 하는 증거 및 그 기한을 확정한다. 당사자가 해당 기한 내에 증거를 제출하는 것이 확실히 어려울 경우에는 인민법원에 기한 연장을 신청할 수 있으며 인민법원은 당사자의 신청에 근거해 적당히 연장한다. 당사자가 기한을 초과하여 증거를 제공할 경우 인민법원은 그 이유를 설명할 것을 명한다. 이유 설명을 거부하거나 이유가 성립되지 않을 경우 인민법원은 부동한 상황에 근거하여 해당 증거를 채택하지 않거나 또는 해당 증거를 채택하지만 훈계, 과태료 처벌을 부과할 수 있다.

第66조 인민법원은 당사자가 제공한 증거서류를 받은 후 인수증(收据)을 발급하여야 하며 해당 인수증에는 증거명칭, 페이지수, 부수, 원본 또는 사본, 인수일 등을 기재하고 담당자가 서명 또는 날인하여야 한다.

第67조 ① 인민법원은 관련 단체와 개인을 상대로 증거를 조사, 수집할 권리가 있으며 관련 단체와 개인은 이를 거부해서는 아니 된다. ② 인민법원은 관련 단체나 개인이 제출한 증명 서류의 진위를 판별하고 그 효력을 심사, 확정하여야 한다.

第68조 증거는 법정에서 제시하고 당사자들이 서로 대질하여야 한다. 국가기밀, 영업비밀 및 프라이버시와 관련된 증거는 비밀을 유지하여야 하며 법정에서 제시할 필요가 있을 경우 공개 심리에서 제시하여서는 아니 된다.

第69조 인민법원은 법정절차에 따라 공증에 의해 증명된 법률사실과 서류를 사실인정의 근거로 하여야 한다. 단, 공증에 의한 증명을 충분히 번복할 수 있는 반대증거가 있을 경우는 제외한다.

제70조 ① 서증은 원본을 제출하여야 하며 물증은 원물을 제출하여야 한다. 원본이나 원물을 제출하기가 확실히 어려울 경우에는 복제품, 사진, 사본, 발췌본을 제출할 수 있다. ② 외국어 서증을 제출할 경우에는 반드시 중문 번역문을 첨부하여야 한다.

제71조 인민법원은 시청각 자료에 대한 진위를 판별하고 해당 사건의 기타 증거와 결부해 사실인정의 근거로 될 수 있는지 여부를 심사, 확인하여야 한다.

제72조 ① 사건의 상황을 알고 있는 단체와 개인은 모두 법정에 출석하여 증언을 할 의무가 있다. 관련 단체의 책임자는 증인이 증언하도록 지원하여야 한다. ② 의사를 정확히 표시할 수 없는 자는 증언을 하지 못한다.

제73조 증인은 인민법원의 통지를 받은 후 법정에 출석하여 증언을 하여야 한다. 다음 각 호의 하나에 해당할 경우 인민법원의 허가를 거쳐 서면 증언, 시청각 전송기술 또는 시청각 자료 등 방식에 의해 증언을 할 수 있다.

1. 건강상의 원인으로 인해 법정에 출석할 수 없을 경우
2. 거리가 멀거나 교통이 불편하여 법정에 출석할 수 없을 경우
3. 자연재해 등 불가항력으로 인해 법정에 출석할 수 없을 경우
4. 기타 정당한 사유로 인해 법정에 출석할 수 없을 경우

제74조 증인이 법정에 출석하여 증언하는 의무를 이행하기 위해 지출한 교통, 숙식 등 필요한 비용 및 결근 손실은 패소한 당사자가 부담한다. 당사자가 증인의 증언을 신청하였을 경우에는 먼저 해당 당사자가 대신 지급하여야 한다. 당사자가 신청하지 않고 인민법원이 증인에게 증언할 것을 통지하였을 경우에는 먼저 인민법원이 대신 지급하여야 한다.

제75조 ① 인민법원은 당사자의 진술을 해당 사건의 기타 증거에 결부해 사실인정의 근거로 될 수 있는지 여부를 심사, 확인하여야 한다. ② 당사자가 진술을 거부하여도 인민법원이 증거에 근거해 사건의 사실을 인정하는 데는 영향을 미치지 아니한다.

제76조 ① 당사자는 사실의 진상규명에 관련된 전문분야의 문제에 대해 인민법원에 감정을 신청할 수 있다. 당사자가 감정을 신청할 경우 당사자 쌍방이 협상하여 자격을 구비한 감정인을 확정한다. 협상을 통해 합의를 달성할 수 없을 경우에는 인민법원이 지정한다. ② 당사자가 감정을 신청하지 않았지만 인민법원이 전문분야의 문제에 대해 감정이 필요하다고 인정할 경우에는 자격을 구비한 감정인에게 의뢰하여 감정을 진행해야 한다.

제77조 ① 감정인은 감정을 진행하는 데 필요한 사건 자료를 알 권리가 있으며, 필요 시 당사자, 증인에게 질문할 수 있다. ② 감정인은 서면 감정의견을 제출해야 하고 감정서에 서명 또는 날인하여야 한다.

제78조 당사자가 감정의견에 이의가 있거나 감정인이 법정에 출석할 필요가 있다고 인민법원이 판단할 경우 감정인은 법정에 출석하여 증언을 해야 한다. 인민법원이 통지하였지만 감정인이 법정에 출석하여 증언하는 것을 거부할 경우 감정의견은 사실 인정의 근거로 삼을 수 없으며 감정비용을 지불한 당사자는 감정비용의 반환을 요구할 수 있다.

제79조 당사자는 인민법원이 전문가에 통지하여 법정에 출석해 감정인이 작성한 감정의견이나 전문적인 문제에 대해 의견을 제출하도록 신청할 수 있다.

제80조 ① 물증이나 현장을 검증할 경우 검증인은 반드시 인민법원의 증명서를 제시해야 하며 당지 기층 조직이나 당사자 근무처의 인원을 초청하여 참가하도록 하여야 한다. 당사자 또는 그 성인 가족이 입회하여야 하며 입회를 거부하여도 검증의 진행에는 영향을 끼치지 않는다. ② 관련 단체와 개인은 인민법원의 통지에 의해 현장을 보호하고 검증 업무에 협력할 의무가 있다. ③ 검증인은 검증상황과 결과에 대한 조서를 작성하고 검증인, 당사자 및 초청에 의해 검증에 참가한 인원이 서명 또는 날인하여야 한다.

제81조 ① 증거가 인멸될 가능성이 있거나 이후에 취득하기 어려운 경우 당사자는 소송 과정 중에 인민법원에 증거보전을 신청할 수 있으며 인민법원이 주동적으로 보존조치를 강구할 수도 있다. ② 상황이 긴급하여 증거가 인멸될 가능성이 있거나 이후에 취득하기 어려운 경우

이해관계자는 소송 제기 전 또는 중재 신청 전에 증거 소재지, 피신청인 주소지 또는 사건에 대해 관할권이 있는 인민법원에 증거보전을 신청할 수 있다. ③ 증거보전의 기타 절차는 이 법 제9장 보전에 관한 규정을 참조하여 적용한다.

제7장 기간, 송달

제1절 기간

제82조 ① 기간에는 법정(法定) 기간과 인민법원이 지정한 기간이 포함된다. ② 기간은 시, 일, 월, 년으로 계산한다. 기간 개시 일시는 기간 내에 산입하지 아니한다. ③ 기간 만료일이 공휴일인 경우 공휴일 후의 첫 번째 날을 기간 만료일로 한다. ④ 기간에는 도상시간(在途时间)을 포함하지 않으며 소송문서를 기간 만료일 전에 우편으로 발송하였을 경우에는 기간이 경과하지 않은 것으로 인정한다.

제83조 당사자가 불가항력으로 또는 기타 정당한 이유로 기간을 지체하였을 경우에는 장해가 제거된 후 10일 내에 기간의 순연을 신청할 수 있으며 허가 여부는 인민법원이 결정한다.

제2절 송달

제84조 ① 소송문서를 송달 시에는 배달증명서(送达回证)가 있어야 하며 송달접수인이 배달증명서에 접수일자를 기재하고 서명 또는 날인한다. ② 송달접수인이 배달증명서에 서명한 일자를 송달일로 한다.

제85조 ① 소송문서는 직접 송달접수인에게 송달하여야 한다. 송달접수인이 공민이고 본인이 부재일 경우에는 그와 동거하는 성인 가족이 배달증명서에 서명하도록 하여야 한다. 송달접수인이 법인 또는 기타 단체일 경우에는 법인의 법인대표, 기타 단체의 주요 책임자 또는 해당 법인, 단체의 서류접수책임자가 배달증명서에 서명하도록 하여야 하며, 송달접수인에게 소송대리인이 있을 경우에는 그 대리인이 배달증명서에 서명하도록 할 수 있고, 송달접수인이 인민법원에 접수대리인을 지정하였을 경우에는 접수대리인이 배달증명서에 서명하도록 하여야 한다.

② 송달접수인과 동거하는 성인 가족, 법인 또는 기타 단체의 서류접수 책임자, 소송대리인 또는 접수대리인이 배달증명서에 서명한 일시를 송달일로 한다.

제86조 송달접수인 또는 그와 동거하는 성인 가족이 소송문서의 접수를 거부할 경우 송달인은 관련 기층조직 또는 송달접수인 근무처의 대표를 현장에 요청하여 상황을 설명하고 배달증명서에 거부 사유와 일자를 기재하고 송달인, 입회인이 서명 또는 날인한 후 소송문서를 송달접수인의 주소에 남겨두거나 또는 소송문서를 송달접수인의 주소에 남겨두고 촬영, 녹화 등 방식으로 송달 과정을 기록하면 송달한 것으로 간주한다.

제87조 ① 인민법원은 송달접수인의 동의를 거쳐 팩스, 전자메일 등 송달접수인이 받았음을 확인할 수 있는 방식으로 소송문서를 송달할 수 있다. 단, 판결서, 결정서, 조정서는 제외한다. ② 전항의 방식에 의해 송달할 경우에는 팩스, 전자메일 등이 송달접수인의 특정 시스템에 도착할 일자를 송달일자로 한다.

제88조 소송문서를 직접 송달하기 어려울 경우 기타 인민법원에 의뢰하여 송달을 대리하게 하거나 우편으로 송달할 수 있다. 우편으로 송달한 경우에는 배달증명서에 명기한 수령일자를 송달일자로 한다.

제89조 송달접수인이 군인일 경우에는 그 소속부대 연대 이상 부서의 정치기관을 통해 전달한다.

제90조 ① 송달접수인이 수감되어 있을 경우에는 그 소재 감옥을 통해 전달한다. ② 송달접수인이 노동교화를 받고 있을 경우에는 그 소재 교화소를 통해 전달한다.

제91조 전달을 대리하는 기관, 부서는 소송문서를 받은 후 반드시 즉시 송달접수인에게 전하여 수령 서명하도록 하여야 하며 배달증명서에 서명한 일자를 송달일자로 한다.

제92조 ① 송달접수인이 행방불명이거나 이 절에 규정된 기타 방식으로 송달할 수 없을 경우에는 공시송달을 하여야 한다. 공시 게재일로부터 60일이 경과되면 송달된 것으로 간주한다. ② 공시송달 시에는 사건

파일에 공시의 원인과 경과를 명확히 기재하여야 한다.

제8장 조정

제93조 인민법원은 민사사건의 심리에 있어서 당사자의 자원원칙에 따라 사실이 명확한 기초상에서 시비를 가르고 조정을 진행한다.

제94조 ① 인민법원이 조정을 진행할 경우에는 법관 1명이 주재할 수도 있고 합의부가 주재할 수도 있으며 가능한 현지에서 진행한다. ② 인민법원은 조정에 있어서 간편한 방식으로 당사자 및 증인이 법정에 출석하도록 통지할 수 있다.

제95조 인민법원은 조정에 있어서 관련 단체 및 개인에게 협조를 요청할 수 있다. 요청을 받은 단체 및 개인은 인민법원을 협조하여 조정을 진행해야 한다.

제96조 조정합의의 달성은 반드시 쌍방의 자원에 의해야 하며 강요해서는 아니 된다. 조정합의의 내용은 법률규정을 위반하여서는 아니 된다.

제97조 ① 조정합의가 달성되면 인민법원은 조정서를 작성하여야 한다. 조정서에는 소송청구, 사건의 사실과 조정결과를 명확히 기재하여야 한다. ② 조정서에는 재판인원 및 서기관이 서명하고 인민법원의 직인을 날인하여 당사자 쌍방에게 송달한다. ③ 조정서는 당사자 쌍방이 수령 서명을 하면 즉시 법적 효력을 가진다.

제98조 ① 다음 각 호의 사건에 대해 조정합의를 달성하였을 경우 인민법원은 조정서를 작성하지 않을 수 있다.

1. 조정에 의해 화해한 이혼사건
2. 조정에 의해 입양관계를 유지한 사건
3. 즉시 이행할 수 있는 사건
4. 조정서를 작성할 필요가 없는 기타 사건

② 조정서를 작성할 필요가 없는 합의는 조서에 기록하고 당사자 쌍방, 재판인원 및 서기관이 서명 또는 날인한 후 즉시 법적 효력을 가진다.

제99조 조정을 진행하였지만 합의를 달성하지 못하였거나 조정서를 송달하기 전에 일방이 번의(反悔)할 경우 인민법원은 적시에 판결하여야 한다.

제9장 가압류(保全) 및 판결 전 집행(先予执行)

제100조 ① 당사자 일방의 행위 또는 기타 원인으로 인해 판결을 집행하기 어렵게 하거나 또는 당사자의 기타 손해를 초래하는 사건은 인민법원이 상대방 당사자의 신청에 의해 그 재산에 대한 가압류를 결정하고 일정한 행위를 하거나 금지하도록 명할 수 있다. 당사자가 신청을 제기하지 않았지만 인민법원이 필요하다고 인정할 경우에도 가압류 조치의 강구를 결정할 수 있다. ② 인민법원이 가압류 조치를 강구할 경우에는 신청인에게 담보제공을 명할 수 있으며 신청인이 담보를 제공하지 않을 경우에는 신청을 각하한다. ③ 인민법원은 신청을 접수한 후 상황이 긴급할 경우에는 반드시 48시간 내에 결정하여야 하며 가압류 조치의 강구를 결정하였을 경우에는 즉시 집행을 개시하여야 한다.

제101조 ① 이해관계자는 상황이 긴급하여 즉시 가압류 신청을 하지 않으면 그 합법적 권익이 보완할 수 없는 손실을 받게 될 경우에는 소송제기 또는 중재 신청 전에 가압류 재산 소재지, 피신청인 주소지 또는 사건에 대해 관할권이 있는 인민법원에 가압류 조치의 강구를 신청할 수 있다. 신청인은 담보를 제공하여야 하며 담보를 제공하지 않을 경우에는 신청을 각하한다. ② 인민법원은 신청을 접수한 후 반드시 48시간 내에 결정하여야 하며 가압류 조치의 강구를 결정하였을 경우에는 즉시 집행을 개시하여야 한다. ③ 인민법원이 가압류 조치를 강구한 후 30일 내에 신청인이 법에 따라 소송을 제기하지 않거나 중재를 신청하지 않을 경우 인민법원은 가압류를 해제하여야 한다.

제102조 가압류는 청구의 범위 또는 해당 사건과 관련된 재물에 제한한다.

제103조 ① 가압류는 봉인, 차압, 동결 또는 법률에 규정된 기타 방식으로 진행한다. 인민법원은 재산에 대한 가압류 조치를 강구한 후 즉시 피가압류자에게 통지하여야 한다. ② 재산이 이미 봉인, 동결되었을 경우에는 중복적으로 봉인, 동결하지 못한다.

제104조 재산분쟁사건에 있어서 피신청인이 담보를 제공하였을 경우 인민법원은 가압류를 해제하여야 한다.

제105조 신청에 오류가 있을 경우 신청인은 피신청인이 가압류로 인해 받은 손실을 배상하여야 한다.

제106조 인민법원은 다음 각 호의 사건에 대해 당사자의 신청에 의하여 판결 전 집행을 결정할 수 있다.

1. 존속부양비, 비속부양비, 양육비, 무휼금(抚恤金), 치료비를 청구한 사건
2. 노동보수를 청구한 사건
3. 사정이 긴급하여 판결 전 집행이 필요한 사건

제107조 ① 인민법원이 판결 전 집행을 결정할 경우에는 다음 각 호의 규정에 부합되어야 한다.

1. 당사자 간의 권리의무관계가 명확하고 판결 전 집행을 하지 않으면 신청인의 생계 또는 생산경영에 엄중한 영향을 끼치는 경우
2. 피신청인은 이행능력이 있음

② 인민법원은 신청인에게 담보 제공을 명할 수 있으며 신청인이 담보를 제공하지 않을 경우에는 신청을 각하한다. 신청인이 패소하였을 경우에는 피신청인이 판결 전 집행으로 인해 받은 재산손실을 배상하여야 한다.

제108조 당사자가 가압류 또는 판결 전 집행 결정에 대해 불복할 경우 재의를 1회 신청할 수 있다. 재의 기간 중에는 결정의 집행을 중지하지 않는다.

제10장 민사소송 방해 행위에 대한 강제조치

제109조 인민법원은 반드시 법정에 출석하여야 하는 피고가 소환장(传票)을 2회 보내어 소환하였음에도 정당한 이유 없이 출석하지 않을 경우 구인(拘传)할 수 있다.

제110조 ① 소송참가자 및 기타 인원은 법정의 규칙을 준수하여야 한다.

② 인민법원은 법정 규칙을 위반한 자에 대해 훈계(训诫)하거나 법정 퇴출을 명하거나 과태료를 부과하거나 구류(拘留) 할 수 있다. ③ 인민법원은 법정을 소란, 공격하거나 재판인원을 모욕, 비방, 공갈, 구타하여 법정 질서를 엄중하게 교란하는 자에 대해 법에 따라 형사책임을 추궁하며 정상이 비교적 경미할 경우에는 과태료를 부과하거나 구류한다.

제111조 ① 소송참가자 또는 기타 인원이 다음 각 호의 하나에 해당하는 경우 인민법원은 정상의 경중에 의해 과태료를 부과하거나 구류할 수 있다. 범죄를 구성할 경우에는 법에 따라 형사책임을 추궁한다.

1. 중요한 증거를 위조, 인멸함으로써 인민법원의 사건 심리를 방해하였을 경우
2. 폭력, 공갈, 매수하는 방법으로 증인의 증언을 저지하거나 타인을 사주, 매수, 협박하여 위증을 하게 하였을 경우
3. 봉인, 차압된 재산이나 점검 후 자체적인 보관 명령을 받은 재산을 은닉, 이전, 매각, 훼손하였거나 동결된 재산을 이전하였을 경우
4. 사법업무인원, 소송참가자, 증인, 통역인원, 감정인, 검증인, 집행협조자를 모욕, 비방, 무함(诬陷), 구타하거나 또는 보복을 하였을 경우
5. 폭력, 공갈 또는 기타 방법으로 사법업무인원의 직무 집행을 방해하였을 경우
6. 법적 효력을 발생한 인민법원의 판결, 결정의 이행을 거부하였을 경우

② 전항에 규정된 행위의 하나가 있는 단체에 대해 인민법원은 그 주요 책임자 또는 직접적 책임자에게 과태료를 부과하고 구류할 수 있다. 범죄를 구성하였을 경우에는 법에 따라 형사책임을 추궁한다.

제112조 당사자 간에 악의적으로 공모하여 소송, 조정 등 방식을 통해 타인의 합법적 권익 침해를 의도할 경우 인민법원은 그 청구를 각하하고 사안의 경중에 의해 과태료를 부과하거나 구류하여야 한다. 범죄를 구성하였을 경우에는 법에 따라 형사책임을 추궁한다.

제113조 피집행인과 타인이 악의적으로 공모하여 소송, 중재, 조정 등 방식을 통해 법률문서에 확정된 의무의 이행을 도피할 경우 인민법원은 사안의 경중에 의해 과태료를 부과하거나 구류하여야 한다. 범죄를 구성하였을 경우에는 법에 따라 형사책임을 추궁한다.

제114조 ① 조사 및 집행에 협조할 의무가 있는 부서가 다음 각 호의 하나에 해당하는 행위를 하였을 경우 인민법원은 협조의무 이행을 명하는 외에 과태료를 부과할 수 있다.

1. 관련 부서가 인민법원의 증거 조사, 수집을 거부하거나 방해하였을 경우
2. 관련 부서가 인민법원의 집행협조통지서를 받은 후 재산의 조회, 차압, 동결, 이체(划拨) 및 매각에 협조하는 것을 거부하였을 경우
3. 관련 부서가 인민법원의 집행협조통지서를 받은 후 피집행인의 수입에 대한 차압, 관련 재산권 증명의 명의변경수속, 관련 증표, 증명 또는 기타 재산의 이관수속에 대한 협조를 거부하였을 경우
4. 집행협조를 거부하는 기타 행위

② 전항에 규정된 행위의 하나가 있는 부서에 대하여 인민법원은 그 주요 책임자 또는 직접적 책임자에게 과태료를 부과할 수 있다. 여전히 협조의무를 이행하지 않을 경우에는 구류함과 동시에 감찰기관 또는 관련 기관에 규율처분을 요청하는 사법건의를 제출할 수 있다.

제115조 ① 개인에 대한 과태료 금액은 10만 위안 이하로 한다. 단체에 대한 과태료 금액은 5만 위안 이상 100만 위안 이하로 한다. ② 구류 기한은 15일 이하로 한다. ③ 피구류자는 인민법원이 공안기관에 이관하여 감금한다. 구류 기간 중에 피구류자가 잘못을 승인하고 시정할 경우 인민법원은 기한 전에 구류를 해제할 수 있다.

제116조 ① 구인, 과태료 및 구류는 반드시 법원장의 허가를 받아야 한다. ② 구인할 경우에는 반드시 구인장을 발급하여야 한다. ③ 과태료 및 구류는 결정서를 사용하여야 한다. 결정에 불복할 경우에는 한 급 높은 인민법원에 재의를 1회 신청할 수 있다. 재의 기간 중에 결정의 집행은 중지하지 아니한다.

제117조 민사소송 방해 행위에 대한 강제조치를 취할 경우에는 반드시 인민법원이 결정하여야 한다. 어떤 부서나 개인이 타인을 불법적으로 구금하거나 사사로이 타인의 재산을 불법적으로 차압하고 채무를 변제받는 경우에는 법에 의해 형사책임을 추궁하거나 구류하거나 과태료를 부과하여야 한다.

제11장　소송비용

제118조 ① 당사자는 민사소송을 진행함에 있어서 규정에 따라 사건접수비용을 납부하여야 한다. 재산사건은 사건접수비용을 납부하는 외에 규정에 따라 기타 소송비용을 납부하여야 한다. ② 당사자가 확실히 소송비용을 부담하기 어려운 경우 규정에 따라 인민법원에 지불 연기, 경감 또는 면제를 신청할 수 있다. ③ 소송비용을 수취하는 방법은 별도로 정한다.

제2편　재판절차

제12장　1심 보통절차

제1절 소송의 제기와 접수

제119조 소송의 제기는 다음 각 호의 조건에 부합하여야 한다.

1. 원고는 해당 사건과 직접적 이해관계가 있는 공민, 법인 및 기타 단체일 것
2. 명확한 피고가 있을 것
3. 구체적인 소송청구 및 사실, 이유가 있을 것
4. 인민법원의 민사소송 접수 범위 및 소송을 접수한 인민법원의 관할에 속할 것

제120조 ① 소송을 제기할 때에는 인민법원에 소장을 제출해야 하며 피고의 인수에 따라 사본을 제출하여야 한다. ② 소장을 작성하는 것이 확실히 어려울 경우 구두로 소송을 제기할 수 있으며 인민법원이 이를 조서에 기록하고 상대방 당사자에게 고지한다.

제121조 소장에는 다음 각 호의 사항들을 명확히 기재하여야 한다.

1. 원고의 이름, 성별, 연령, 민족, 직업, 근무처, 주소, 연락처, 법인 또는 기타 단체의 명칭, 주소 및 법인대표 또는 주요 책임자의 이름, 직무, 연락처

2. 피고의 이름, 성별, 근무처, 주소 등 정보, 법인 또는 기타 단체의 명칭, 주소 등 정보
3. 소송청구 및 근거한 사실과 이유
4. 증거 및 증거의 출처, 증인의 이름과 주소

제122조 당사자가 인민법원에 소송을 제기한 민사분쟁이 조정에 적합할 경우 먼저 조정을 진행하여야 한다. 단, 당사자가 조정을 거부한 경우는 제외한다.

제123조 인민법원은 당사자가 법률규정에 따라 누리는 기소 권리를 보장해야 한다. 이 법 제119조에 부합하는 기소는 반드시 접수해야 한다. 기소 조건에 부합하면 7일 내에 입건하여 당사자에게 통지해야 하며 기소 조건에 부합하지 않으면 7일 이내에 결정서를 작성하여 접수하지 말아야 한다. 원고가 결정에 불복할 경우에는 상소할 수 있다.

제124조 인민법원은 다음 각 호의 소송에 대해 각기 상황에 따라 처리하여야 한다.

1. 행정소송법의 규정에 따라 행정소송사건 접수범위에 속하는 사건은 원고에게 고지하여 행정소송을 제기하게 한다.
2. 법률규정에 따라 당사자 쌍방이 서면 중재합의를 달성하였기에 인민법원에 기소할 수 없을 경우에는 원고에게 고지하여 중재기구에 중재를 신청하게 한다.
3. 법률규정에 따라 기타 기관이 처리하여야 하는 분쟁은 원고에게 고지하여 관련 기관에 신청하여 해결하게 한다.
4. 해당 법원의 관할에 속하지 않는 사건은 원고에게 고지하여 관할권이 있는 인민법원에 소송을 제기하게 한다.
5. 판결, 결정, 조정서가 이미 법적 효력을 발생한 사건에 대해 당사자가 다시 기소한 경우 원고에게 고지하여 재심을 청구하게 한다. 단, 인민법원이 소송 취하를 허가한 결정은 제외한다.
6. 법률규정에 따라 일정한 기간 내에 기소하지 못하게 되어 있는 사건에 대해 해당 기간 내에 기소할 경우 이를 접수하지 아니한다.
7. 이혼불허로 판결한 사건 및 조정하여 화해한 이혼사건, 입양관계를 유지할 것으로 판결 또는 조정한 사건에 대해 새로운 정황이나 이유 없이 원고가 6개월 내에 다시 기소한 경우 이를 접수하지 아니한다.

제2절 심리 전의 준비

제125조 ① 인민법원은 입건일로부터 5일 내에 소장 사본을 피고에게 발송해야 하며 피고는 소장 사본을 받은 날로부터 15일 내에 답변서를 제출하여야 한다. 답변서에는 피고의 이름, 성별, 연령, 민족, 직업, 근무처, 주소, 연락처, 법인 또는 기타 단체의 명칭, 주소, 법인대표 또는 주요 책임자의 이름, 직무, 연락처를 명확히 기재하여야 한다. 인민법원은 답변서를 받은 날로부터 5일 내에 답변서 사본을 원고에게 발송하여야 한다. ② 피고가 답변서를 제출하지 않아도 인민법원의 심리에 영향을 끼치지 않는다.

제126조 인민법원이 사건 접수를 결정하였을 경우에는 사건접수통지서 및 응소통지서 또는 구두로 당사자에게 소송 관련 권리, 의무를 고지하여야 한다.

제127조 ① 인민법원이 사건을 접수한 후 당사자가 관할권에 대해 이의가 있을 경우에는 답변서 제출 기간 내에 이의를 제기하여야 한다. 인민법원은 당사자가 제기한 이의에 대해 심사하여야 한다. 이의가 성립될 경우에는 사건을 관할권이 있는 인민법원에 이송할 것을 결정한다. 이의가 성립되지 않을 경우에는 각하한다. ② 당사자가 이의를 제기하지 않고 응소 답변하였을 경우에는 소송을 접수한 인민법원에 관할권이 있는 것으로 간주한다. 단, 심급관할 및 전속관할 규정을 위반한 경우는 제외한다.

제128조 합의부 구성인원이 확정된 후 3일 내에 당사자에게 고지하여야 한다.

제129조 재판인원은 진지하게 소송서류를 심사, 확인하고 필요한 증거를 조사, 수집하여야 한다.

제130조 ① 인민법원이 파견한 인원이 조사를 진행할 경우에는 조사대상자에게 증명서를 제시하여야 한다. ② 조사기록은 조사대상자가 열람한 후 조사대상자와 조사담당자가 서명 또는 날인하여야 한다.

제131조 ① 인민법원은 필요할 경우 타지역의 인민법원에 조사를 위탁할 수 있다. ② 조사를 위탁할 경우에는 반드시 명확한 조사항목과 요구

를 제출하여야 한다. 위탁을 받은 인민법원은 주동적으로 보충 조사를 할 수 있다. ③ 위탁을 받은 인민법원은 위탁서를 받은 후 30일 내에 조사를 완성하여야 한다. 사정으로 인해 완성할 수 없을 경우에는 위기한 내에 서면으로 위탁한 인민법원에 통지하여야 한다.

제132조 반드시 공동으로 소송을 진행해야 하는 당사자가 소송에 참가하지 아니하였을 경우 인민법원은 해당 당사자에게 소송에 참가할 것을 통지하여야 한다.

제133조 인민법원은 접수한 사건에 대해 각기 상황에 따라 처리하여야 한다.

1. 당사자 간에 분쟁이 없고 독촉절차에 규정된 조건에 부합할 경우에는 독촉절차로 전입할 수 있다.
2. 개정(开庭) 전에 조정할 수 있을 경우에는 조정방식을 통해 적시에 분쟁을 해결한다.
3. 사건의 정황에 근거해 간이절차 또는 보통절차의 적용을 확인한다.
4. 개정하여 심리할 필요가 있을 경우에는 당사자 간의 증거교환 등 방식에 의해 분쟁의 초점을 명확히 한다.

제3절 개정 심리

제134조 ① 인민법원이 심리하는 민사사건은 국가기밀, 프라이버시에 관련되거나 또는 법률에 별도의 규정이 있는 경우를 제외하고 공개적으로 진행하여야 한다. ② 이혼사건 및 영업비밀에 관련된 사건으로서 당사자가 비공개 심리를 신청할 경우에는 비공개로 심리할 수 있다.

제135조 인민법원은 민사사건의 심리에 있어서 필요한 경우에는 순회(巡回)심리를 하거나 현지에서 사건을 처리할 수 있다.

제136조 인민법원은 민사사건 심리 시 개정 3일 전에 당사자 및 기타 소송참가자에게 통지하여야 한다. 공개 심리할 경우에는 당사자의 이름, 소송사유 및 개정 일시와 장소를 공시하여야 한다.

제137조 ① 개정 심리 전에 서기관은 당사자 및 기타 소송참가자가 법정에 출석하였는지 여부를 확인하고 법정 규율을 선포하여야 한다. ② 개

정 심리를 시작할 때 재판장은 당사자를 확인한 후 소송사유를 선포하고 재판인원, 서기관 명부를 선포하며 당사자에게 소송 관련 권리, 의무를 고지하고 기피신청 여부를 문의한다.

제138조 법정조사는 다음과 같은 순서에 따라 진행한다.

1. 당사자가 진술한다.
2. 증인의 권리와 의무를 고지한 후 증인이 증언하며 법정에 출석하지 않은 증인의 증언을 낭독한다.
3. 서증, 물증, 시청각 자료 및 전자데이터를 제시한다.
4. 감정의견을 낭독한다.
5. 검증조서를 낭독한다.

제139조 ① 당사자는 법정에서 새로운 증거를 제출할 수 있다. ② 법정의 허가를 거쳐 당사자는 증인, 감정인 및 검증인에게 질문할 수 있다. ③ 당사자가 조사, 감정 또는 검증을 다시 진행할 것을 요청할 경우 허가 여부는 인민법원이 결정한다.

제140조 원고가 증가한 소송청구, 피고가 제기한 반소, 제3자가 제기한 해당 사건과 관련된 소송청구는 병합하여 심리할 수 있다.

제141조 ① 법정변론은 다음과 같은 순서에 따라 진행한다.

1. 원고 및 그 소송대리인이 발언한다.
2. 피고 및 그 소송대리인이 답변한다.
3. 제3자 및 그 소송대리인이 발언 또는 답변한다.
4. 상호 변론한다.

② 법정변론이 종료된 후 재판장은 원고, 피고 및 제3자의 순서에 따라 각 측의 최종의견을 구한다.

제142조 법정변론이 종료된 후에는 법에 따라 판결하여야 한다. 판결 전에 조정이 가능할 경우에는 조정을 진행할 수도 있다. 조정을 달성하지 못할 경우에는 적시에 판결하여야 한다.

제143조 소환장으로 소환하였음에도 불구하고 원고가 정당한 이유 없이 법정에 출석하지 않았을 경우 또는 법정의 허가 없이 중도에 퇴정하였을 경우에는 소송 취하로 처리할 수 있다. 피고가 반소를 제기하였을 경우에는 궐석(缺席) 판결할 수 있다.

제144조 소환장으로 소환하였음에도 불구하고 피고가 정당한 이유 없이 법정에 출석하지 않았을 경우 또는 법정의 허가 없이 중도에 퇴정하였을 경우에는 궐석 판결할 수 있다.

제145조 ① 판결 선고 전에 원고가 소송 취하를 신청하였을 경우 허가 여부는 인민법원이 결정한다. ② 인민법원이 소송 취하를 허가하지 않았고 원고가 소환장으로 소환하였음에도 불구하고 정당한 이유 없이 법정에 출석하지 않을 경우에는 궐석 판결할 수 있다.

제146조 다음 각 호의 하나에 해당할 경우에는 개정 심리를 연기할 수 있다.

1. 반드시 법정에 출석하여야 하는 당사자와 기타 소송참가자가 정당한 이유로 출석하지 않았을 경우
2. 당사자가 임시로 기피신청을 제기하였을 경우
3. 새로운 증인의 출석을 통지하거나 새로운 증거를 수집하거나 감정, 검증을 다시 진행하거나 또는 보충조사를 진행할 필요가 있을 경우
4. 연기하여야 할 기타 사정이 있을 경우

제147조 ① 서기관은 법정(法庭) 심리의 모든 활동을 조서에 기록하고 재판인원과 서기관이 서명하여야 한다. ② 법정조서(法庭笔录)는 즉석에서 낭독하여야 하며 당사자와 기타 소송참가자에게 고지하여 즉석에서 열람하게 하거나 5일 내에 열람하게 할 수도 있다. 당사자와 기타 소송참가자는 자신의 진술에 대한 기록에 누락 또는 오류가 있다고 인정할 경우에는 보충 및 정정을 신청할 권리가 있다. 보충 또는 정정을 허가하지 않을 경우에는 해당 신청을 사건 파일에 기록하여야 한다. ③ 법정조서는 당사자와 기타 소송참가자가 서명 또는 날인하여야 한다. 서명, 날인을 거부할 경우에는 그 상황을 기록하여 사건 파일에 첨부한다.

제148조 ① 인민법원은 공개 심리 또는 비공개 심리하는 사건에 대해 일률로 그 판결을 공개 선고하여야 한다. ② 즉석에서 판결을 선고할 경우에는 10일 내에 판결서를 송부해야 하며 날짜를 정하여 판결을 선고할 경우에는 선고 후 즉시 판결서를 발급하여야 한다. ③ 판결 선고 시에는 반드시 당사자에게 상소권리, 상소기한 및 상소심 법원을 고지

하여야 한다. ④ 이혼판결 선고 시에는 판결이 법적 효력을 발생하기 전에 재혼하지 못한다는 것을 반드시 당사자에게 고지하여야 한다.

제149조 인민법원이 보통절차를 적용하여 심리하는 사건은 입건일로부터 6개월 내에 심리를 완료하여야 한다. 특수한 사정으로 인해 연장할 필요가 있을 경우에는 당 법원 법원장의 허가를 거쳐 6개월 연장 수 있다. 더 연장할 필요가 있을 경우에는 상급인민법원에 제출하여 허가 받아야 한다.

제4절 소송 중지와 종결

제150조 ① 다음 각 호의 하나에 해당하는 경우에는 소송을 중지한다.

1. 당사자 일방이 사망하여 소송참가 여부에 대한 상속인의 의사표시를 기다려야 하는 경우
2. 당사자 일방이 소송행위능력을 상실하고 그 법정대리인이 아직 확정되지 않은 경우
3. 당사자 일방인 법인 또는 기타 단체의 존속 기간이 만료되고 그 권리, 의무 승계인이 아직 확정되지 않은 경우
4. 당사자 일방이 불가항력으로 인해 소송에 참가할 수 없는 경우
5. 해당 사건의 심리가 반드시 다른 사건의 심리결과에 의거해야 하는데 그 사건의 심리가 아직 종결되지 않은 경우
6. 소송을 중지해야 하는 기타 사정이 있는 경우

② 소송 중지의 원인이 해소된 후에는 소송을 회복한다.

제151조 다음 각 호의 하나에 해당하는 경우에는 소송을 종결한다.

1. 원고가 사망하고 상속인이 없거나 상속인이 소송권리를 포기한 경우
2. 피고가 사망하고 유산이 없으며 의무를 부담할 자도 없는 경우
3. 이혼사건의 당사자 일방이 사망한 경우
4. 존속부양비, 비속부양비, 양육비 청구 및 입양관계 해제 관련 사건의 당사자 일방이 사망한 경우

제5절 판결 및 결정

제152조 ① 판결서에는 판결 결과와 해당 판결을 내린 이유를 명확히 기재하여야 한다. 판결서의 내용은 다음과 같은 각 호의 사항을 포함

한다.

1. 소송사유, 소송청구, 분쟁의 사실과 이유
2. 판결이 인정한 사실과 이유, 적용하는 법률과 이유
3. 판결 결과와 소송비용의 부담
4. 상소기간과 상소심 법원

② 판결서에는 재판인원과 서기관이 서명하고 인민법원의 직인을 날인하여야 한다.

제153조 인민법원의 사건 심리에 있어서 그 중 일부분 사실이 규명되었을 경우에는 해당 부분에 대해 먼저 판결할 수 있다.

제154조 ① 결정은 다음 각 호의 범위에 적용된다.

1. 사건 접수 거부
2. 관할권에 대한 이의
3. 소송의 각하
4. 가압류와 판결 전 집행
5. 소송 취하의 허가 또는 불허
6. 소송의 중지 또는 종결
7. 판결서 중의 오기에 대한 보충, 정정
8. 집행 중지 또는 종결
9. 중재판정의 취소 또는 집행 거부
10. 공증기관에서 강제집행효력을 부여한 채권문서의 집행 거부
11. 결정에 의해 해결해야 하는 기타 사항

② 전항 1호 내지 3호의 결정에 대해서는 상소할 수 있다. ③ 결정서에는 결정 결과와 해당 결정을 한 이유를 명확히 기재하여야 한다. 결정서는 재판인원과 서기관이 서명하고 인민법원의 직인을 날인하여야 한다. 구두로 한 결정은 조서에 기록하여야 한다.

제155조 최고인민법원의 판결, 결정 및 법에 의해 상소하지 못하거나 상소기간 내에 상소하지 않은 판결, 결정은 법적 효력을 발생한 판결, 결정이다.

제156조 공중(公众)은 법적 효력을 발생한 판결서, 결정서를 열람할 수 있다. 단, 국기기밀, 영업비밀 및 프라이버시와 관련된 내용은 제외한다.

제13장 간이절차

제157조 ① 기층인민법원과 그 파출법정(派出法庭)이 사실 및 권리, 의무 관계가 명확하고 분쟁이 크지 않는 간단한 민사사건을 심리할 경우에는 이 장의 규정을 적용한다. ② 기층인민법원과 그 파출법정이 전항에 규정된 사건 외의 민사사건을 심리할 경우에도 당사자 쌍방은 간이절차의 적용을 약정할 수 있다.

제158조 ① 간단한 민사사건에 대해 원고는 구두로 기소할 수 있다. ② 당사자 쌍방은 함께 기층인민법원 또는 그 파출법정에 가서 분쟁의 해결을 청구할 수 있다. 기층인민법원 또는 그 파출법정은 즉시 심리할 수도 있고 별도로 일자를 정하여 심리할 수도 있다.

제159조 기층인민법원과 그 파출법정이 간단한 민사사건을 심리할 경우에는 간편한 방식으로 당사자와 증인을 소환하고 소송문서를 송달하며 사건을 심리할 수 있다. 단, 당사자의 의견 진술 권리를 보장하여야 한다.

제160조 간단한 민사사건은 이 법 제136조, 제138조, 제141조에 규정된 제한을 받지 않고 법관 1명이 단독으로 심리할 수 있다.

제161조 인민법원이 간이절차를 적용하여 심리하는 사건은 입건일로부터 3개월 내에 심리를 종결하여야 한다.

제162조 기층인민법원과 그 파출법정이 심리하는 이 법 제157조 1항의 규정에 부합되는 간단한 민사사건의 소송물가액이 각 성, 자치구, 직할시의 지난 연도 취업인원 연평균 노임의 30% 이하일 경우 1심 종심(终审)제를 실시한다.

제163조 인민법원이 사건 심리 중 해당 사건에 간이절차를 적용하는 것이 부적절함을 발견하였을 경우에는 보통절차로 변경할 것을 결정한다.

제14장 2심절차

제164조 ① 당사자가 지방(地方)인민법원의 1심 판결에 불복할 경우에는 판결서 송달일로부터 15일 내에 한 급 높은 인민법원에 상소를 제

기할 권리가 있다. ② 당사자가 지방인민법원의 1심 결정에 불복할 경우에는 결정서 송달일로부터 10일 내에 한 급 높은 인민법원에 상소를 제기할 권리가 있다.

제165조 상소 시에는 상소장을 제출하여야 한다. 상소장의 내용에는 당사자의 이름, 법인의 명칭 및 그 법인대표의 이름 또는 기타 단체의 명칭 및 그 주요 책임자의 이름, 원심 인민법원의 명칭, 사건번호와 소송사유, 상소 청구와 이유가 포함되어야 한다.

제166조 ① 상소장은 원심 인민법원을 통해 제출하고 상대방 당사자 또는 대표자의 인수에 따라 사본을 제출하여야 한다. ② 당사자가 직접 2심 인민법원에 상소한 경우 2심 인민법원은 5일 내에 상소장을 원심 인민법원에 이송하여야 한다.

제167조 ① 원심 인민법원은 상소장을 받은 후 5일 내에 그 사본을 상대방 당사자에게 송달하여야 하며 상대방 당사자는 상소장 사본을 받은 날로부터 15일 내에 답변서를 제출하여야 한다. 인민법원은 답변서를 받은 날로부터 5일 내에 그 사본을 상소인에게 송달하여야 한다. 상대방 당사자가 답변서를 제출하지 않아도 인민법원의 심리에 영향을 끼치지 아니한다. ② 원심 인민법원은 상소장 및 답변서를 받은 후 5일 내에 모든 사건 파일 및 증거와 함께 2심 인민법원에 이송하여야 한다.

제168조 2심 인민법원은 상소 청구의 관련 사실과 적용 법률에 대해 심사를 진행하여야 한다.

제169조 ① 2심 인민법원은 상소사건에 대해 합의부를 구성하여 개정 심리해야 한다. 새로운 사실, 증거 또는 이유를 제출하지 않았고 합의부가 서류 열람, 조사 및 당사자 심문을 통해 개정하여 심리할 필요가 없다고 판단할 경우에는 개정하지 않고 심리할 수 있다. ② 2심 인민법원이 상소사건을 심리할 경우에는 당 법원에서 진행할 수도 있고 사건 발생지 또는 원심 인민법원 소재지에 가서 진행할 수도 있다.

제170조 ① 2심 인민법원은 상소사건을 심리한 후 다음 각 호의 상황에 따라 각기 처리한다.

1. 원 판결, 결정에서 인정한 사실이 명확하고 법률 적용이 정확한 경우 판결, 결정 방식으로 상소를 기각, 각하하고 원 판결, 결정을 유지한다.
2. 원 판결, 결정에서 인정한 사실 또는 법률 적용에 오류가 있을 경우 판결, 결정 방식으로 법에 따라 다시 판결하거나 파기 또는 변경한다.
3. 원 판결에서 인정한 기본사실이 불명확할 경우에는 원 판결을 파기하고 원심 인민법원에 환송하여 다시 심리하게 하거나 또는 사실을 철저히 조사한 후 다시 판결한다.
4. 원 판결에 당사자 누락 또는 불법 궐석 판결 등 법률 절차를 엄중히 위반한 상황이 존재할 경우에는 원 판결을 파기하고 원심 법원에 환송하여 다시 심리하도록 한다.

② 원심 인민법원이 파기환송사건에 대해 다시 판결한 후 당사자가 상소를 제기하였을 경우 2심 인민법원은 재차 파기환송하여 심리하도록 하여서는 아니 된다.

제171조 2심 인민법원이 1심 인민법원의 결정에 불복하여 상소한 사건을 처리함에 있어서는 일률로 결정을 사용하여야 한다.

제172조 2심 인민법원은 상소사건의 심리에 있어서 조정을 진행할 수 있다. 조정합의가 달성되면 조정서를 작성하여 재판인원 및 서기관이 서명하고 인민법원의 직인을 날인하여야 한다. 조정서가 송달되면 원심 인민법원의 판결은 즉시 파기된 것으로 간주한다.

제173조 2심 인민법원이 판결을 선고하기 전에 상소인이 상소 취하를 신청하였을 경우 2심 인민법원이 허가 여부를 결정한다.

제174조 2심 인민법원의 상소사건 심리에서는 이 장의 규정을 따르는 외에 1심 보통절차를 적용한다.

제175조 2심 인민법원의 판결, 결정은 종심 판결, 종심 결정이다.

제176조 ① 인민법원이 판결에 대한 상소사건을 심리할 경우에는 2심 입건일로부터 3개월 내에 심리를 종결하여야 한다. 특수한 사정으로 인해 연장할 필요가 있을 경우에는 당 법원의 법원장이 허가하여야 한다.

② 인민법원이 결정에 대한 상소사건을 심리할 경우에는 2심 입건일로부터 30일 내에 종심 결정을 하여야 한다.

제15장 특별절차

제1절 일반규정

제177조 인민법원이 유권자 자격 사건, 실종선고 사건 또는 사망선고 사건, 공민의 민사상 무행위능력 또는 한정행위능력 인정 사건, 무주재산 인정 사건, 조정합의 확인 사건 및 담보물권 실현 사건을 심리할 시에 이 장의 규정을 적용한다. 이 장에 규정이 없을 경우에는 이 법 및 기타 법률의 관련 규정을 적용한다.

제178조 이 장의 절차에 따라 심리하는 사건은 1심 종심제를 실시한다. 유권자 자격 사건 또는 중대하고 난해한 사건은 법관으로 합의부를 구성하여 심리하며, 기타 사건은 법관 1명이 단독 심리한다.

제179조 인민법원이 이 장의 절차에 따라 사건을 심리하는 과정 중에 해당 사건이 민사상의 권익 분쟁에 속함을 발견하였을 경우에는 특별절차의 종결을 결정하고 이해관계자에게 별도로 소송을 제기할 수 있음을 고지하여야 한다.

제180조 인민법원이 특별절차를 적용하여 심리하는 사건은 입건일로부터 30일 내에 또는 공시기한 만료 후 30일 내에 심리를 종결해야 한다. 특수한 사정이 있어 연장할 필요가 있을 경우에는 당 법원 법원장의 허가를 받아야 한다. 단, 유권자 자격 사건의 심리는 제외한다.

제2절 유권자자격(选民资格) 사건

제181조 공민은 유권자자격 제소에 대한 선거위원회의 결정에 불복할 경우 선거일 5일 이전에 선거구 소재지 기층인민법원에 소송을 제기할 수 있다.

제182조 ① 인민법원은 유권자자격 사건을 접수한 후 반드시 선거일 전에 심리를 종결하여야 한다. ② 심리 시 기소인, 선거위원회의 대표 및 관련 공민은 반드시 참가하여야 한다. ③ 인민법원의 판결서는 선거일 전에

선거위원회와 기소인에게 송달하고 관련 공민에게 통지하여야 한다.

제3절 실종선고(宣告失踪), 사망선고(宣告死亡) 사건

제183조 ① 공민이 만 2년간 행방불명이고 이해관계자가 그 실종선고를 신청할 경우에는 행방불명자 주소지의 기층인민법원에 제출하여야 한다. ② 신청서에는 실종된 사실, 시간 및 청구를 명확히 기재하여야 하며 해당 공민의 행방불명에 관한 공안기관 또는 기타 관련 기관의 증명서류를 첨부하여야 한다.

제184조 ① 공민이 만 4년간 행방불명이거나 불의의 사고로 인해 만 2년간 행방불명이거나 불의의 사고로 인해 행방불명이고 관련 기관이 해당 공민이 생존할 수 없음을 증명하였고 이해관계자가 그 사망선고를 신청할 경우에는 행방불명자 주소지의 기층인민법원에 제출하여야 한다. ② 신청서에는 행방불명의 사실, 시간 및 청구를 명확히 기재해야 하며 해당 공민의 행방불명에 관한 공안기관 또는 기타 관련 기관의 증명서류를 첨부하여야 한다.

제185조 ① 인민법원은 실종선고, 사망선고 사건을 접수한 후 행방불명자를 찾는 공고를 내야 한다. 실종선고의 공고기간은 3개월이고 사망선고의 공고기간은 1년이다. 불의의 사고로 인해 행방불명이 되고 관련 기관에서 해당 공민이 생존할 수 없음을 증명하였을 경우 사망선고의 공고기간은 3개월이다. ② 공고기간이 만료된 후 인민법원은 실종선고 사실, 사망선고 사실이 확인되었는지 여부에 근거해 실종선고 판결, 사망선고 판결을 하거나 신청을 기각하는 판결을 하여야 한다.

제186조 실종선고, 사망선고를 받은 공민이 다시 나타났을 경우 인민법원은 본인 또는 이해관계자의 신청에 의해 새로운 판결을 하고 원 판결을 파기하여야 한다.

제4절 공민의 민사상 무행위능력 또는 한정행위능력 인정 사건

제187조 ① 공민의 민사상 무행위능력 또는 한정행위능력 인정에 관한 신청은 그 근친자 또는 기타 이해관계자가 해당 공민 주소지의 기층인민법원에 제출하여야 한다. ② 신청서에는 해당 공민의 민사상 무행위능력

또는 한정행위능력에 관한 사실과 근거를 명확히 기재하여야 한다.

제188조 인민법원은 신청을 접수한 후 필요한 경우에는 민사상 무행위능력 또는 한정행위능력 인정을 청구 받은 공민에 대해 감정을 진행하여야 한다. 신청인이 이미 감정의견을 제공하였을 경우에는 감정의견에 대해 심사를 진행하여야 한다.

제189조 ① 인민법원이 공민의 민사상 무행위능력 또는 한정행위능력 인정 사건을 심리할 시 해당 공민의 근친자가 대리인을 담당하여야 한다. 단, 신청인은 제외한다. 근친자가 서로 책임을 회피할 경우에는 인민법원이 그 중의 1명을 지정하여 대리인을 담당하게 한다. 해당 공민의 건강상태가 허락할 경우에는 본인의 의사도 확인하여야 한다. ② 인민법원이 심리를 거쳐 신청에 사실근거가 있다고 인정할 경우에는 해당 공민을 민사상 무행위능력자 또는 한정행위능력자로 판결하며 신청에 사실근거가 없다고 인정할 경우에는 신청을 기각하는 판결을 하여야 한다.

제190조 인민법원이 민사상 무행위능력자, 한정행위능력자로 인정된 자 또는 그 보호자의 신청에 의해 해당 공민의 민사상 무행위능력 또는 한정행위능력의 원인이 이미 해소되었음을 실증하였을 경우에는 새로운 판결을 하여 원 판결을 파기해야 한다.

제5절 무주재산(财产无主) 인정 사건

제191조 ① 무주재산 인정의 신청은 공민, 법인 또는 기타 단체가 재산 소재지의 기층인민법원에 제출한다. ② 신청서에는 재산의 종류, 수량 및 무주재산 인정을 요청하는 근거를 명확히 기재하여야 한다.

제192조 인민법원은 신청을 접수한 후 심사확인을 거쳐 재산을 찾아 갈 것을 요청하는 공고를 게시해야 한다. 공고가 만 1년이 되었음에도 찾아가는 자가 없을 경우에는 무주재산으로 인정하는 판결을 하고 국가 또는 집단의 소유로 한다.

제193조 무주재산으로 인정하는 판결을 한 후 원 재산 소유자 또는 상속인이 나타나면 민법통칙(民法通则)이 규정한 소송시효 기간 내에 재

산에 대한 청구를 제출할 수 있으며 인민법원은 심사하여 사실임을 확인한 후 새로운 판결을 하여 원 판결을 파기해야 한다.

제6절 조정합의 확인 사건

제194조 조정합의 사법확인을 신청할 경우에는 당사자 쌍방이 인민조정법(人民调解法) 등 법률에 따라 조정합의가 효력을 발생한 날로부터 30일 내에 공동으로 조정기관 소재지의 기층인민법원에 제출하여야 한다.

제195조 인민법원은 신청을 접수한 후 심사를 거쳐 법률규정에 부합될 경우 조정합의가 유효하다는 결정을 하며 당사자 일방이 이행을 거부하거나 완전하게 이행하지 않을 경우 상대방 당사자는 인민법원에 집행을 신청할 수 있다. 법률규정에 부합되지 않을 경우 인민법원은 신청을 각하하며 당사자는 조정방식을 통해 원 조정합의를 변경하거나 새로운 조정합의를 달성할 수 있으며 인민법원에 소송을 제기할 수도 있다.

제7절 담보물권 실현 사건

제196조 담보물권 실현을 신청할 경우에는 담보물권자 및 기타 담보물권의 실현을 청구할 권리가 있는 자가 물권법(物权法) 등 법률에 따라 담보재산 소재지 또는 담보물권 등기지역의 기층인민법원에 제출하여야 한다.

제197조 인민법원은 신청을 접수한 후 심사를 거쳐 법률규정에 부합될 경우 담보재산의 경매, 매각을 결정하며 당사자는 해당 결정에 의해 인민법원에 집행을 신청할 수 있다. 법률규정에 부합되지 않을 경우 인민법원은 신청을 각하하며 당사자는 인민법원에 소송을 제기할 수 있다.

제16장　재판감독절차

제198조 ① 각급 인민법원 법원장은 이미 법적 효력을 발생한 동 법원

의 판결, 결정, 조정서에 오류가 있음을 발견하고 재심의 필요가 있다고 인정할 경우에는 재판위원회에 회부해 토론하여 결정한다. ② 최고인민법원이 지방 각급 인민법원의 이미 법적 효력을 발생한 판결, 결정, 조정서에 오류가 있음을 발견하고 상급인민법원이 하급인민법원의 이미 법적 효력을 발생한 판결, 결정, 조정서에 오류가 있음을 발견하였을 경우에는 자체적으로 심리하거나 하급인민법원에 재심을 명할 수 있다.

제199조 당사자가 이미 법적 효력을 발생한 판결, 결정에 오류가 있다고 인정할 경우에는 한 급 높은 인민법원에 재심을 청구할 수 있다. 당사자 일방의 인수가 많거나 당사자 쌍방이 모두 공민인 사건은 원심인민법원에 재심을 청구할 수도 있다. 당사자가 재심을 청구하였을 경우에는 판결, 결정의 집행을 중지하지 않는다.

제200조 당사자의 청구가 다음 각 호에 규정된 상황의 하나에 부합될 경우 인민법원은 재심을 진행하여야 한다.

1. 원 판결, 결정을 번복하기 충분한 새로운 증거가 있는 경우
2. 원 판결, 결정에서 인정한 기본사실이 증거가 부족한 경우
3. 원 판결, 결정에서 인정한 사실의 주요 증거가 위조된 경우
4. 원 판결, 결정에서 인정한 사실의 주요 증거가 대질 절차를 거치지 않은 경우
5. 사건의 심리에 필요한 주요 증거에 대해 당사자가 객관적인 원인으로 인해 자체적으로 수집할 수 없어 서면으로 법원에 해당 증거의 조사, 수집을 신청하였으나 법원이 이를 진행하지 않은 경우
6. 원 판결, 결정의 법률 적용에 확실한 오류가 있는 경우
7. 재판부의 구성이 적법하지 않거나 또는 법에 따라 응당 회피해야 하는 재판인원이 회피하지 않은 경우
8. 소송 행위능력이 없는 자가 법정대리인을 통해 소송을 진행하지 않거나 또는 소송에 참석해야 하는 당사자가 본인 또는 그 소송대리인의 귀책사유에 의하지 않고 소송에 참석하지 않은 경우
9. 불법적으로 당사자의 변론권을 박탈한 경우
10. 소환장에 의해 소환하지 않고 궐석 판결을 한 경우
11. 원 판결, 결정이 소송 청구를 누락하거나 초과한 경우

12. 원 판결, 결정의 근거로 되는 법률문서가 파기 또는 변경된 경우
13. 재판인원이 해당 사건의 심리에 있어서 횡령, 수뢰하거나 부정행위로 사리사욕을 채우거나 법을 왜곡하여 재판한 경우

제201조 당사자가 이미 법적 효력을 발생한 조정서에 대해 조정이 자원원칙을 위반하였거나 조정합의 내용이 법률을 위반하였음을 입증할 수 있는 증거를 제출하였을 경우에는 재심을 청구할 수 있다. 인민법원의 심사를 거쳐 사실임이 확인되었을 경우에는 재심을 진행하여야 한다.

제202조 당사자는 이미 법적 효력을 발생한 혼인관계 해제에 관한 판결, 조정서에 대해 재심을 청구할 수 없다.

제203조 당사자가 재심을 청구할 경우에는 재심 청구서 등 서류를 제출하여야 한다. 인민법원은 재심 청구서를 받은 날로부터 5일 내에 재심 청구서 사본을 상대방 당사자에게 송부하여야 한다. 상대방 당사자는 재심 청구서 사본을 받은 날로부터 15일 내에 서면 의견을 제출하여야 한다. 서면 의견을 제출하지 않아도 인민법원의 심사에 영향을 끼치지 않는다. 인민법원은 청구인과 상대방 당사자에게 관련 서류의 보충을 요청하고 관련 사항을 확인할 수 있다.

제204조 ① 인민법원은 재심 청구서를 받은 날로부터 3개월 내에 심사하고 이 법의 규정에 부합될 경우에는 재심을 결정한다. 이 법의 규정에 부합되지 않을 경우에는 청구를 각하한다. 특수한 사정이 있어 연장할 필요가 있을 경우에는 동 법원 법원장의 허가를 받아야 한다. ② 당사자의 청구에 의해 재심을 결정한 사건은 중급인민법원 이상의 인민법원에서 심리한다. 단, 당사자가 이 법 제199조의 규정에 따라 기층인민법원을 선택하여 재심을 청구한 경우는 제외한다. 최고인민법원, 고급인민법원이 재심을 결정한 사건은 동 법원이 재심하거나 기타 인민법원에 회부하여 재심할 수 있고 원심 인민법원에 회부하여 재심할 수도 있다.

제205조 당사자가 재심을 청구할 경우에는 판결, 결정이 법적 효력을 발생한 후 6개월 내에 제출하여야 한다. 이 법 제200조 1호, 3호, 12호, 13호에 규정된 상황이 있을 경우에는 알거나 응당 알아야 하는 날로부터 6개월 내에 제출하여야 한다.

제206조 재판감독절차에 따라 재심을 결정한 사건은 원 판결, 결정, 조정서의 집행을 중지한다. 단, 존속부양비, 비속부양비, 양육비, 무휼금, 치료비, 노동보수 등 사건은 집행을 중지하지 않을 수 있다.

제207조 ① 인민법원이 재판감독절차에 따라 재심하는 사건에서 법적 효력을 발생한 판결, 결정이 1심 법원에서 한 것이면 1심 절차에 따라 심리하고 그 판결, 결정에 대해 당사자는 상소할 수 있으며 법적 효력을 발생한 판결, 결정이 2심 법원에서 한 것이면 2심 절차에 따라 심리하고 그 판결, 결정은 확정된 판결, 결정이다. 상급인민법원이 재판감독절차에 따라 직접 심리할 경우에는 2심 절차에 따라 심리하며 그 판결, 결정은 확정된 판결, 결정이다. ② 인민법원이 재심사건을 심리할 경우에는 별도로 합의부를 구성하여야 한다.

제208조 ① 최고인민검찰원이 각급 인민법원의 이미 법적 효력을 발생한 판결, 결정 및 상급인민검찰원이 하급인민법원의 이미 법적 효력을 발생한 판결, 결정에 이 법 제200조에 규정된 상황의 하나가 있음을 발견하였을 경우 또는 조정서가 국가이익, 사회공공이익을 침해함을 발견하였을 경우에는 항소(抗诉)를 제기하여야 한다. ② 지방 각급 인민검찰원이 동급 인민법원의 이미 법적 효력을 발생한 판결, 결정에 이 법 제200조에 규정된 상황의 하나가 있음을 발견하였을 경우 또는 조정서가 국가이익, 사회공공이익을 침해함을 발견하였을 경우에는 동급 인민법원에 검찰건의를 제출할 수 있고 상급인민검찰원에 등록하여야 하며, 상급인민검찰원에 제청하여 동급 인민법원에 항소를 제출할 수도 있다. ③ 각급 인민검찰원은 재판감독절차 이외의 기타 재판절차 중에서 발생한 재판인원의 위법행위에 대해 동급 인민법원에 검찰건의를 제출할 권리가 있다.

제209조 ① 다음 각 호의 하나에 해당하는 상황이 있을 경우 당사자는 인민검찰원에 검찰건의 또는 항소를 청구할 수 있다.

1. 인민법원이 재심청구를 각하한 경우
2. 인민법원이 기한을 초과하여 재심 청구에 대해 결정을 내리지 않을 경우
3. 재심 판결, 결정에 현저한 오류가 있을 경우

② 인민검찰원은 당사자의 청구에 대해 3개월 내에 심사를 진행하고

검찰건의 또는 항소의 제출 여부에 대한 결정을 하여야 한다. 당사자는 재차 인민검찰원에 검찰건의 또는 항소를 청구해서는 아니 된다.

제210조 인민검찰원은 법률 감독 직책을 이행하기 위한 검찰건의 또는 항소 제출의 필요에 의해 당사자 또는 소외인에게 관련 상황을 조사, 확인할 수 있다.

제211조 인민검찰원이 항소를 제기한 사건에 대해 항소를 접수한 인민법원은 항소장을 받은 날로부터 30일 내에 재심 결정을 하여야 하며 이 법 제200조 1호 내지 5호에 규정된 상황의 하나가 있을 경우에는 한 급 낮은 인민법원에 회부하여 심리할 수 있지만 당해 인민법원이 재심하였을 경우에는 제외한다.

제212조 인민검찰원이 인민법원의 판결, 결정, 조정서에 대한 항소 제기를 결정하였을 경우에는 항소장을 작성하여야 한다.

제213조 인민검찰원이 항소를 제기한 사건에 대해 인민법원이 재심할 경우에는 인민검찰원에 인원을 파견해 법정에 출석할 것을 통지하여야 한다.

제17장 독촉절차

제214조 ① 채권자가 채무자에게 금전, 유가증권의 지급을 청구하고 다음 각 호의 조건에 부합될 경우에는 관할권이 있는 기층인민법원에 지급명령(支付令)을 신청할 수 있다.

1. 채권자와 채무자 간에 기타 채무분쟁이 없을 경우
2. 지급명령을 채무자에게 송달할 수 있을 경우

② 신청서에는 지급을 청구하는 금전 또는 유가증권의 수량과 근거하는 사실, 증거를 명확히 기재하여야 한다.

제215조 채권자가 신청을 제출한 후 인민법원은 5일 내에 접수 여부를 채권자에게 통지하여야 한다.

제216조 ① 인민법원은 신청을 접수한 후 채권자가 제공한 사실, 증거에 대한 심사를 거쳐 채권채무관계가 명확하고 합법적이라고 인정할 경우

에는 접수일로부터 15일 내에 채무자에게 지급명령을 발송하여야 하며 신청이 성립되지 않을 경우에는 각하한다. ② 채무자는 지급명령을 받은 날로부터 15일 내에 채무를 전부 상환하거나 인민법원에 서면 이의를 제출하여야 한다. ③ 채무자가 전항에 규정된 기간 내에 이의를 제출하지 않고 지급명령도 이행하지 않을 경우 채권자는 인민법원에 집행을 신청할 수 있다.

제217조 ① 인민법원은 채무자가 제출한 서면 이의를 받은 후 심사를 거쳐 이의가 성립된다고 인정하면 독촉절차를 종결하는 결정을 하여야 하며 지급명령은 자동적으로 효력을 상실한다. ② 지급명령이 효력을 상실하였을 경우에는 소송 절차에 전입한다. 단, 지급명령을 신청한 당사자 일방이 소송 제기에 동의하지 않을 경우는 제외한다.

제18장 공시최고절차(公示催告程序)

제218조 ① 규정에 따라 배서하여 양도할 수 있는 어음 소지인은 어음의 도난, 분실 또는 멸실을 이유로 어음 지급지의 기층인민법원에 공시최고를 신청할 수 있다. 법률규정에 따라 공시최고를 신청할 수 있는 기타 사항은 이 장의 규정을 적용한다. ② 신청인은 인민법원에 신청서를 제출해야 하며 신청서에는 액면금액, 어음 발행인, 어음 소지인, 배서인 등 어음의 주요내용과 신청 이유, 사실을 명확히 기재하여야 한다.

제219조 인민법원이 신청 접수를 결정하였을 경우에는 동시에 지급인에게 지급정지를 통지하고 3일 내에 공시하여 이해관계자가 권리를 신고하도록 재촉하여야 한다. 공시최고의 기간은 인민법원이 상황에 근거해 결정하지만 60일 이상이어야 한다.

제220조 ① 지급인은 인민법원의 지급정지 통지를 받은 후 공시최고절차가 종결될 때까지 지급을 정지하여야 한다. ② 공시최고 기간 중에 어음권리를 양도하는 행위는 무효하다.

제221조 ① 이해관계자는 공시최고 기간 내에 인민법원에 신고하여야 한다. ② 인민법원은 이해관계자의 신고를 받은 후 공시최고절차를

종결하고 신청인과 지급인에게 통지하여야 한다. ③ 신청인 또는 신고인은 인민법원에 소송을 제기할 수 있다.

제222조 신고인이 없을 경우 인민법원은 신청인의 신청에 의해 어음무효 선고 판결을 하여야 한다. 판결은 공시해야 하며 지급인에게 통지하여야 한다. 판결 공시일로부터 신청인은 지급인에게 지급을 신청할 수 있다.

제223조 이해관계자가 정당한 이유로 인해 판결 전에 인민법원에 신고할 수 없었을 경우에는 판결 공시를 알거나 응당 알아야 하는 날로부터 1년 내에 해당 판결을 한 인민법원에 소송을 제기할 수 있다.

제3편 집행절차

제19장 일반규정

제224조 ① 법적 효력을 발생한 민사판결, 결정 및 형사판결, 결정 중의 재산부분은 1심 인민법원 또는 1심 인민법원과 동급인 피집행재산 소재지의 인민법원이 집행한다. ② 법률규정에 의해 인민법원이 집행하는 기타 법률문서는 피집행인 주소지 또는 피집행재산 소재지의 인민법원이 집행한다.

제225조 당사자, 이해관계자는 집행행위가 법률규정에 위반된다고 인정할 경우에는 집행을 책임진 인민법원에 서면 이의를 제출할 수 있다. 당사자, 이해관계자가 서면 이의를 제출하였을 경우 인민법원은 서면 이의를 접수한 날로부터 15일 내에 심사하고 이유가 성립되면 파기 또는 시정을 결정하고 이유가 성립되지 않으면 각하하여야 한다. 당사자, 이해관계자는 결정에 불복할 경우 결정서 송달일로부터 10일 내에 한 급 높은 인민법원에 재의를 신청할 수 있다.

제226조 인민법원이 집행신청서를 받은 날로부터 6개월이 경과하여도 집행하지 않았을 경우 집행신청인은 한 급 높은 인민법원에 집행을 신청할 수 있다. 한 급 높은 인민법원은 심사를 거쳐 원 인민법원에

일정한 기한 내에 집행할 것을 명할 수도 있고 직접 집행할 것을 결정하거나 기타 인민법원에 집행을 명할 수도 있다.

제227조 집행과정 중에 소외인이 집행목적물에 대한 서면 이의를 제출하였을 경우 인민법원은 서면 이의를 접수한 날로부터 15일 내에 심사하고 이유가 성립되면 해당 목적물에 대한 집행을 중지하는 결정을 하며 이유가 성립되지 않으면 각하한다. 소외인, 당사자가 결정에 불복하고 원 판결, 결정에 오류가 있다고 인정할 경우에는 재판감독절차에 따라 처리하며 원 판결, 결정과 무관할 경우에는 결정서 송달일로부터 15일 내에 인민법원에 소송을 제기할 수 있다.

제228조 ① 집행업무는 집행관이 진행한다. ② 강제조치를 강구할 시 집행관은 증명서류를 제시하여야 한다. 집행이 완료된 후에는 집행상황에 관한 조서를 작성하여 현장에 있는 관련 인원이 서명 또는 날인하여야 한다. ③ 인민법원은 필요에 따라 집행기구를 설립할 수 있다.

제229조 ① 피집행인 또는 피집행재산이 외지에 있을 경우에는 현지의 인민법원에 위탁하여 집행을 대리하게 할 수 있다. 위탁을 받은 인민법원은 위탁서신을 받은 후 15일 내에 집행을 시작해야 하며 거부해서는 아니 된다. 집행이 완료되면 집행결과를 적시에 위탁한 인민법원에 회신하여야 한다. 30일 내에 집행이 완료되지 않은 경우에도 위탁한 인민법원에 서면으로 집행상황을 고지하여야 한다. ②위탁을 받은 인민법원이 위탁서신을 받은 날로부터 15일 내에 집행하지 않을 경우 위탁한 인민법원은 위탁을 받은 인민법원의 상급인민법원에 위탁을 받은 인민법원에 대한 집행 명령을 청구할 수 있다.

제230조 ① 집행 중에 당사자 쌍방이 자체적으로 화해하여 합의를 달성하였을 경우 집행관은 합의 내용을 조서에 기록하고 당사자 쌍방이 서명 또는 날인한다. ② 집행신청인이 사기, 협박을 당해 피집행인과 화해합의를 달성하였거나 당사자가 화해합의를 이행하지 않을 경우 인민법원은 당사자의 신청에 의해 법적 효력을 발생한 원 법률문서의 집행을 회복할 수 있다.

제231조 집행 중에 피집행인이 인민법원에 담보를 제공하고 또한 집행신청인의 동의를 받았을 경우 인민법원은 집행을 유예하거나 집행기한

을 유예할 수 있다. 피집행인이 기한을 초과하여도 여전히 이행하지 않을 경우 인민법원은 피집행인의 담보재산 또는 담보인의 재산을 집행할 수 있다.

제232조 피집행인 신분인 공민이 사망하였을 경우에는 그 유산으로 채무를 상환한다. 피집행인 신분인 법인 또는 기타 단체가 종료된 경우 그 권리의무 승계인이 의무를 이행한다.

제233조 집행이 완료된 후 집행의 근거로 되는 판결, 결정 및 기타 법률문서에 확실히 오류가 존재하여 인민법원에 의해 파기되었을 경우에는 이미 집행된 재산에 대해 인민법원은 재산을 취득한 자에게 반환을 명하며 반환을 거부할 경우에는 강제집행한다.

제234조 인민법원이 작성한 조정서의 집행은 이 편(编)의 규정을 적용한다.

제235조 인민검찰원은 민사 집행 활동에 대해 법률 감독을 실행할 권리가 있다.

제20장 집행의 신청과 이송

제236조 ① 당사자는 법적 효력을 발생한 민사 판결, 결정을 반드시 이행하여야 한다. 일방이 이행을 거부할 경우 상대방 당사자는 인민법원에 집행을 신청할 수 있으며 재판인원이 집행관에 이송하여 집행할 수도 있다. ② 당사자는 조정서 및 인민법원이 집행해야 하는 기타 법률문서를 반드시 이행하여야 한다. 일방이 이행을 거부할 경우 상대방 당사자는 인민법원에 집행을 신청할 수 있다.

제237조 ① 당사자가 법에 의해 설립된 중재기구의 판정을 이행하지 않을 경우 상대방 당사자는 관할권이 있는 인민법원에 집행을 신청할 수 있다. 신청을 받은 인민법원은 응당 집행하여야 한다. ② 피신청인이 증거를 제출하여 중재판정에 다음 각 호의 하나에 해당하는 상황이 존재함을 입증하였을 경우 인민법원은 합의부를 구성하여 심사, 확인 후 집행불허를 결정한다.

1. 당사자가 계약에 중재조항을 약정하지 않았거나 사후 서면 중재합의를 달성하지 못한 경우
2. 판정한 사항이 중재합의 범위에 속하지 않거나 중재기구가 중재할 권한이 없을 경우
3. 중재판정부의 구성 또는 중재 절차가 법정 절차에 위배되는 경우
4. 판정이 근거한 증거가 위조된 경우
5. 상대방 당사자가 중재기구의 공정한 판정에 충분히 영향을 끼칠 수 있는 증거를 은닉한 경우
6. 중재인이 해당 사건의 중재에 있어서 횡령, 수뢰하거나 부정행위로 사리사욕을 채우거나 법을 왜곡하여 판정한 경우

③ 인민법원은 해당 판정의 집행이 사회공공이익에 위배된다고 인정할 경우에는 집행불허를 결정한다. ④ 결정서는 당사자 쌍방 및 중재기구에 송달하여야 한다. ⑤ 중재판정이 인민법원에 의해 집행불허가 결정되었을 경우 당사자는 쌍방이 달성한 서면 중재합의에 의해 다시 중재를 신청할 수 있으며 인민법원에 소송을 제기할 수도 있다.

제238조 ① 공증기관이 법에 의해 강제집행효력을 부여한 채권문서를 당사자 일방이 이행하지 않을 경우 상대방 당사자는 관할권이 있는 인민법원에 집행을 신청할 수 있으며 신청을 받은 인민법원은 집행하여야 한다. ② 공증채권문서에 확실히 오류가 존재할 경우 인민법원은 집행불허를 결정하고 결정서를 당사자 쌍방 및 공증기관에 송달한다.

제239조 ① 집행의 신청기간은 2년이다. 집행 신청시효의 중지, 중단은 소송시효의 중지, 중단에 관한 법률규정을 적용한다. ② 전항에 규정된 기간은 법률문서에 규정된 이행기간의 최종일로부터 계산한다. 법률문서에 분할 이행을 규정한 경우에는 규정한 매번 이행기간의 최종일로부터 계산한다. 법률문서에 이행기간을 규정하지 않았을 경우에는 법률문서가 법적 효력을 발생한 날로부터 계산한다.

제240조 집행관은 집행신청서 또는 집행이관서(移交执行书)를 받으면 피집행인에게 집행통지를 발송하여야 하며 이와 동시에 즉시 강제집행 조치를 강구할 수 있다.

제21장 집행조치

제241조 피집행인이 집행통지에 따라 법률문서에 확정된 의무를 이행하지 않을 경우에는 목전 및 집행통지를 받기 전 1년간의 재산상황을 보고하여야 한다. 피집행인이 보고를 거부하거나 허위보고를 할 경우 인민법원은 정상의 경중에 의해 피집행인 또는 그 법정대리인, 관련 단체의 주요 책임자 또는 직접적 책임자에게 과태료를 부과하거나 구류할 수 있다.

제242조 ① 피집행인이 집행통지에 따라 법률문서에 확정된 의무를 이행하지 않을 경우 인민법원은 관련 부서에 피집행인의 예금, 회사채(债券), 주식, 펀드지분(基金份额) 등 재산상황을 조회할 권리가 있다. 인민법원은 부동한 상황에 근거하여 피집행인의 재산에 대해 압류, 동결, 이체 및 매각 조치를 취할 수 있다. 인민법원이 조회, 압류, 동결, 이체 및 매각 조치를 취하는 재산은 피집행인이 이행해야 하는 의무 범위를 초과하여서는 아니 된다. ② 인민법원이 재산에 대한 압류, 동결, 이체 및 매각 조치를 취할 경우에는 관련 결정을 내리고 집행협조통지서를 발송하여야 하며 관련 부서는 반드시 처리하여야 하다.

제243조 ① 피집행인이 집행통지에 따라 법률문서에 확정된 의무를 이행하지 않을 경우 인민법원은 피집행인이 이행해야 하는 의무 부분의 소득을 압류, 인출할 수 있다. 단, 피집행인 및 그 부양가족의 생계필수비용은 보류하여야 한다. ② 인민법원이 소득을 압류, 인출할 경우에는 관련 결정을 내리고 집행협조통지서를 발송해야 하며 피집행인의 근무처, 은행, 신용합작사 및 저축업무를 취급하는 기타 부서는 반드시 처리하여야 한다.

제244조 ① 피집행인이 집행통지에 따라 법률문서에 확정된 의무를 이행하지 않을 경우 인민법원은 피집행인이 이행해야 하는 의무 부분의 재산에 대해 압류, 동결, 경매 및 매각 조치를 취할 권리가 있다. 단, 피집행인 및 그 부양가족의 생활필수품은 보류하여야 한다. ② 전항의 조치를 취할 경우 인민법원은 관련 결정을 내려야 한다.

제245조 ① 인민법원이 재산을 봉인, 압류할 시 피집행인이 공민일 경우

에는 피집행인 또는 그 성인 가족에 통지하여 입회하도록 해야 하며 피집행인이 법인 또는 기타 조직일 경우에는 그 법인대표 또는 주요 책임자에 통지하여 입회하도록 하여야 한다. 입회하지 않더라도 집행에 영향을 끼치지 않는다. 피집행인이 공민일 경우 그 근무처 또는 재산 소재지의 기층조직은 인원을 파견해 참가하여야 한다. ② 집행관은 봉인, 압류된 재산에 대해 반드시 명세서를 작성하고 현장에 있는 인원들이 서명 또는 날인한 후 피집행인에게 1부 제공한다. 피집행인이 공민일 경우에는 그 성인 가족에게 1부 제공할 수도 있다.

제246조 집행관은 피집행인을 지정하여 봉인된 재산의 보관을 책임지게 할 수 있다. 피집행인의 과실로 인해 초래된 손실은 피집행인이 부담하여야 한다.

제247조 재산이 봉인, 압류된 후 집행관은 피집행인에게 지정된 기간 내에 법률문서에 확정된 의무를 이행할 것을 명하여야 한다. 피집행인이 기간을 초과해도 이행하지 않을 경우 인민법원은 봉인, 압류된 재산을 경매하여야 한다. 경매에 적합하지 않거나 당사자 쌍방이 경매하지 않기로 동의한 경우 인민법원은 관련 부서에 의뢰하여 매각하거나 자체적으로 매각할 수 있다. 국가가 자유롭게 매매하는 것을 금지하는 제품은 관련 부서에 이송하여 국가에서 규정한 가격에 따라 구매하도록 한다.

제248조 ① 피집행자가 법률문서에 확정된 의무를 이행하지 않고 재산을 은닉할 경우 인민법원은 수색 영장을 발부하여 피집행인 및 그 주소 또는 재산 은닉장소에 대해 수색할 권리가 있다. ② 전항의 조치를 취할 경우에는 법원장이 수색 영장을 서명하여 발행한다.

제249조 ① 법률문서에 지정되어 교부하는 재화 또는 유가증권은 집행관이 당사자 쌍방을 소환하여 직접 교부하도록 하거나 집행관이 전달하고 피교부자(被交付人)가 수령서에 서명한다. ② 관련 부서가 해당 재화 또는 유가증권을 소지하고 있을 경우에는 인민법원의 집행협조통지서에 따라 전달하고 피교부자가 수령서에 서명한다. ③ 관련 공민이 해당 재화 또는 유가증권을 소지하고 있을 경우 인민법원은 해당 공민에게 제출을 통지한다. 제출을 거부할 경우에는 강제집행한다.

제250조 ① 가옥 강제 전출(强制迁出房屋) 또는 토지 강제 퇴출(强制退出土地)은 법원장이 공고를 서명, 발행하여 피집행인이 지정된 기간 내에 이행할 것을 명한다. 피집행인이 기간을 초과하여도 이행하지 않을 경우에는 집행관이 강제집행한다. ② 강제집행 시 피집행인이 공민일 경우에는 피집행인 또는 그 성인 가족에게 통지하여 입회하도록 해야 하며 피집행인이 법인 또는 기타 조직일 경우에는 그 법인대표 또는 주요 책임자에게 통지하여 입회하도록 해야 한다. 입회하지 않더라도 집행에 영향을 끼치지 않는다. 피집행인이 공민일 경우 그 근무처 또는 가옥, 토지 소재지의 기층조직은 인원을 파견해 참가하여야 한다. 집행관은 강제집행 상황을 조서에 기록하고 현장에 있는 인원들이 서명 또는 날인하여야 한다. ③ 가옥 강제 전출에 있어서 반출된 재화는 인민법원이 인원을 파견해 지정된 장소에 운송하여 피집행인에게 교부한다. 피집행인이 공민일 경우에는 그 성인 가족에게 교부할 수도 있다. 인수 거부로 인해 초래된 손실은 피집행인이 부담한다.

제251조 집행 중에서 관련 재산의 권리증서 이전 절차를 밟을 필요가 있을 경우 인민법원은 관련 부서에 집행협조통지서를 발송할 수 있으며 관련 부서는 반드시 처리해야 한다.

제252조 피집행인이 집행통지서에 따라 판결, 결정 및 기타 법률문서에 지정된 행위를 이행하지 않을 경우 인민법원은 강제집행하거나 관련 부서 또는 기타 인원에 의뢰하여 완성할 수 있으며 비용은 피집행인이 부담한다.

제253조 피집행인이 판결, 결정 및 기타 법률문서에 지정된 기간 내에 금전 지급의무를 이행하지 않을 경우 지연이행기간의 채무 이자는 2배로 지급하여야 한다. 피집행인이 판결, 결정 및 기타 법률문서에 지정된 기간 내에 기타 의무를 이행하지 않을 경우에는 지연이행금을 지급하여야 한다.

제254조 인민법원이 이 법 제242조, 제243조, 제244조에 규정된 집행 조치를 강구한 후에도 피집행인이 여전히 채무를 상환할 수 없을 경우에는 계속하여 의무를 이행하여야 한다. 채권자가 피집행인의 기타 재산을 발견하였을 경우에는 수시로 인민법원에 집행을 신청할 수 있다.

제255조 피집행인이 법률문서에 확정된 의무를 이행하지 않을 경우 인민법원은 피집행인에 대해 출국제한 조치를 강구하거나 관련 부서에 출국제한 조치의 협조를 통지할 수 있으며 신용시스템에 기록하고 의무 불이행 정보 및 법률에 규정된 기타 조치를 언론을 통해 공표한다.

제22장 집행 중지와 종결

제256조 ① 다음 각 호의 하나에 해당하는 경우 인민법원은 집행을 중지한다.

1. 신청인이 집행을 연기할 수 있다고 표시한 경우
2. 소외인이 집행목적물에 대해 확실한 이유가 있는 이의를 제출한 경우
3. 당사자 일방인 공민이 사망하여 상속인에 의한 권리 상속 또는 의무 부담을 기다려야 하는 경우
4. 당사자 일방인 법인 또는 기타 단체의 존속 기간이 만료되고 그 권리, 의무 승계인이 아직 확정되지 않은 경우
5. 인민법원이 집행을 중지해야 한다고 인정하는 기타 상황이 발생한 경우

② 중지의 상황이 해소된 후에는 집행을 회복한다.

제257조 다음 각 호의 하나에 해당하는 경우에는 집행을 종결한다.

1. 신청인이 신청을 철회한 경우
2. 집행의 근거로 되는 법률문서가 파기된 경우
3. 피집행인으로 되는 공민이 사망하고 집행할 수 있는 유산도 없고 의무를 부담할 자도 없는 경우
4. 존속부양비, 비속부양비, 양육비 청구 사건의 권리자가 사망한 경우
5. 피집행인으로 되는 공민이 생활난으로 인해 차입금을 상환할 능력이 없고 수입원이 없으며 노동능력도 상실한 경우
6. 인민법원이 집행을 종결해야 한다고 인정하는 기타 상황이 발생한 경우

제258조 집행 중지 및 종결에 관한 결정은 당사자에게 송달된 후 즉시 효력을 발생한다.

제4편 섭외민사소송 절차의 특별규정

제23장 일반원칙

제259조 중화인민공화국 영역 내에서 진행하는 섭외민사소송은 이 편의 규정을 적용한다. 이 편에 규정이 없을 경우에는 이 법의 기타 관련 규정을 적용한다.

제260조 중화인민공화국이 체결하였거나 참가한 국제조약에 이 법과 다른 규정이 있을 경우에는 해당 국제조약의 규정을 적용한다. 단, 중화인민공화국이 보류하기로 선언한 조항은 제외한다.

제261조 외교특권과 면제를 향유하는 외국인, 외국단체 또는 국제조직에 대해 제기하는 민사소송은 중화인민공화국 관련 법률과 중화인민공화국이 체결하였거나 참가한 국제조약의 규정에 따라 처리해야 한다.

제262조 인민법원이 심리하는 섭외민사사건은 중화인민공화국에서 통용되는 언어와 문자를 사용해야 한다. 당사자가 통역을 요청할 경우에는 제공할 수 있으며 그 비용은 당사자가 부담하여야 한다.

제263조 외국인, 무국적인, 외국기업 및 외국단체가 인민법원에서 소송을 제기하거나 응소할 시 변호사를 선임할 필요가 있을 경우에는 반드시 중화인민공화국의 변호사를 선임하여야 한다.

제264조 중화인민공화국 영역 내에 거소지가 없는 외국인, 무국적인, 외국기업 및 외국단체가 중화인민공화국 변호사 또는 기타 인원에게 소송 대리를 의뢰하고 중화인민공화국 영역 외에서 위임장을 송부하거나 위탁 송부할 경우에는 소재국 공증기관의 증명을 거친 후 해당국에 주재하는 중화인민공화국 대사관, 영사관의 인증을 받거나 또는 중화인민공화국이 해당국과 체결한 관련 조약에 규정된 증명수속을 이행하여야 효력을 가진다.

제24장 관할

제265조 계약 분쟁 또는 기타 재산권익 분쟁으로 인해 중화인민공화국 영역 내에 거소지가 없는 피고에 대해 소송을 제기할 시 해당 계약이 중화인민공화국 영역 내에서 체결 혹은 이행되었거나 소송목적물이 중화인민공화국 영역 내에 있거나 중화인민공화국 영역 내에 압류할 수 있는 피고의 재산이 있거나 피고가 중화인민공화국 영역 내에 대표기구를 설치하였을 경우에는 계약 체결지, 계약 이행지, 소송목적물의 소재지, 압류할 수 있는 재산 소재지, 권리침해 행위지 또는 대표기구 주소지의 법원에서 관할할 수 있다.

제266조 중화인민공화국에서 이행하는 중외합자경영기업계약(中外合资经营企业合同), 중외합작경영기업계약(中外合作经营企业合同) , 중외합작자연자원탐사개발계약(中外合作勘探开发自然资源合同)으로 인해 분쟁이 발생하여 소송을 제기할 경우에는 중화인민공화국 법원이 관할한다.

제25장 송달, 기간

제267조 인민법원이 중화인민공화국 영역 내에 거소지가 없는 당사자에 소송문서를 송달할 경우에는 다음 각 호에 기재한 방식의 하나를 채택할 수 있다.

1. 송달수령인 소재국과 중화인민공화국이 체결하였거나 공동으로 참가한 국제조약에 규정된 방식으로 송달함
2. 외교경로를 통하여 송달함
3. 송달수령인이 중화인민공화국 국적을 가진 경우에는 송달수령인 소재국 주재 중화인민공화국 대사관 또는 영사관에 위탁하여 대리 송달하게 할 수 있음
4. 송달수령인을 대리하여 소송문서를 수령할 권한이 있는 소송대리인에게 송달함
5. 송달수령인이 중화인민공화국 영역 내에 설치한 대표기구나 송달수령권이 있는 지사, 업무대리인에게 송달함
6. 송달수령인 소재국의 법률이 우편송달을 허용하는 경우 우편으로

송달할 수 있으며, 우송일로부터 만 3개월이 경과하여도 송달수령증이 반송되지 않았지만 여러 가지 상황에 근거하여 이미 송달되었음을 충분히 인정할 수 있을 경우에는 기간 만료일을 송달일로 간주함

7. 팩스, 전자메일 등 송달수령인이 받았음을 확인할 수 있는 방식으로 송달함
8. 상술한 방식으로 송달할 수 없을 경우에는 공시송달을 하며, 공시일로부터 만 3개월이 경과하면 송달된 것으로 간주함

제268조 피고가 중화인민공화국 영역 내에 거소지가 없을 경우 인민법원은 소장 사본을 피고에게 송달함과 동시에 피고가 소장 사본을 받은 날로부터 30일 내에 답변서를 제출할 것을 통지하여야 한다. 피고가 연기 신청을 제출할 경우 허가 여부는 인민법원이 결정한다.

제269조 중화인민공화국 영역 내에 거소지가 없는 당사자가 1심 인민법원의 판결, 결정에 불복할 경우에는 판결서, 결정서의 송달일로부터 30일 내에 상소를 제기할 권리가 있다. 피상소인은 상소장 사본을 받은 후 30일 내에 답변서를 제출하여야 한다. 당사자가 법정 기간 내에 상소를 제기할 수 없거나 답변서를 제출할 수 없어 연기 신청을 하였을 경우 허가 여부는 인민법원이 결정한다.

제270조 인민법원이 섭외민사사건을 심리하는 기간은 이 법 제149조, 제176조에 규정된 제한을 받지 않는다.

제26장 중재

제271조 ① 섭외(涉外) 경제무역, 운송 및 해사(海事) 중에서 발생하는 분쟁에 대해 당사자가 계약에 중재조항을 설치하거나 사후 서면 중재합의를 달성하여 중화인민공화국 섭외 중재기구 또는 기타 중재기구의 중재에 회부하기로 약속하였을 경우 당사자는 인민법원에 소송을 제기하여서는 아니 된다. ② 당사자가 계약에 중재조항을 설치하지 않았거나 사후 서면 중재합의를 달성하지 못하였을 경우에는 인민법원에 소송을 제기할 수 있다.

제272조 당사자가 가압류를 신청할 경우 중화인민공화국의 섭외 중재기구는 당사자의 신청을 피신청인 주소지 또는 재산 소재지의 중급인민법원에 제출하여 결정하도록 한다.

제273조 당사자는 중화인민공화국 섭외 중재기구의 판정에 대해 인민법원에 소송을 제기하여서는 아니 된다. 당사자 일방이 중재판정을 이행하지 않을 경우 상대방 당사자는 피신청인 주소지 또는 재산 소재지의 중급인민법원에 집행을 신청할 수 있다.

제274조 ① 중화인민공화국 섭외 중재기구의 판정에 대해 피신청이 증거를 제출하여 중재판정에 다음 각 호에 기재한 상황의 하나가 있음을 입증할 경우 인민법원은 합의부를 구성하여 심사, 확인 후 집행불허를 결정한다.

1. 당사자가 계약에 중재조항을 약정하지 않았거나 사후 서면 중재합의를 달성하지 못한 경우
2. 피신청인이 중재인 지정 또는 중재절차 진행에 관한 통지를 받지 못하거나 피신청인에게 귀책할 수 없는 원인으로 인해 의견을 진술하지 못한 경우
3. 중재판정부의 구성 또는 중재의 절차가 중재규칙에 부합되지 않을 경우
4. 판정한 사항이 중재합의 범위에 속하지 않거나 중재기구가 중재할 권한이 없을 경우

② 인민법원은 해당 판정의 집행이 사회공공이익에 위배된다고 인정할 경우에는 집행불허를 결정한다.

제275조 중재판정이 인민법원에 의해 집행불허가 결정되었을 경우 당사자는 쌍방이 달성한 서면 중재합의에 의해 다시 중재를 신청할 수 있으며 인민법원에 소송을 제기할 수도 있다.

제27장 사법공조

제276조 ① 중화인민공화국이 체결하였거나 참가한 국제조약 또는 호혜원칙에 의해 인민법원과 외국법원은 문서 송달, 증거조사 및 기타 소송행위의 대행을 상호 청구할 수 있다. ② 외국법원이 공조를 요청한

사항이 중화인민공화국의 주권, 안전 또는 사회공공이익을 해치는 경우 인민법원은 이를 집행하지 않는다.

제277조 ① 사법공조의 요청과 제공은 중화인민공화국이 체결하였거나 참가한 국제조약에 규정된 경로에 따라 진행하며 조약관계가 존재하지 않을 경우에는 외교경로를 통해 진행한다. ② 중화인민공화국에 주재하는 외국 대사관 또는 영사관은 해당국의 공민을 상대로 문서를 송달하고 증거를 조사할 수 있다. 단, 중화인민공화국의 법률을 위반해서는 아니되며 강제조치를 취해서는 아니 된다. ③ 전항에 규정된 경우를 제외하고 중화인민공화국 주관기관의 허가 없이 어떠한 외국기관이나 외국인도 중화인민공화국 영역 내에서 문서를 송달하고 증거를 조사하여서는 아니 된다.

제278조 ① 외국법원이 인민법원에 사법공조를 요청하는 청구서 및 그 별첨 서류는 중문 번역본 또는 국제조약에 규정된 기타 문자로 된 문서를 첨부하여야 한다. ② 인민법원이 외국법원에 사법공조를 요청하는 청구서 및 그 별첨 서류는 해당국의 문자로 된 번역본 또는 국제조약에 규정된 기타 문자로 된 문서를 첨부하여야 한다.

제279조 인민법원이 제공하는 사법공조는 중화인민공화국 법률에 규정된 절차에 따라 진행한다. 외국법원이 특수한 방식을 선택할 것을 요청할 경우에는 해당 요청에 따라 진행할 수도 있다. 단, 요청된 특수한 방식은 중화인민공화국 법률을 위반해서는 아니 된다.

제280조 ① 인민법원의 법적 효력을 발생한 판결, 결정에 있어서 피집행인 또는 그 재산이 중화인민공화국 영역 내에 소재하지 않고 당사자가 집행을 요청할 경우에는 당사자가 직접 관할권이 있는 외국법원에 승인 및 집행을 신청할 수 있으며 인민법원이 중화인민공화국이 체결하였거나 참가한 국제조약의 규정 또는 호혜원칙에 따라 외국법원에 승인 및 집행을 요청할 수도 있다. ② 중화인민공화국의 섭외 중재기구의 법적 효력을 발생한 중재판정에 있어서 당사자가 집행을 요청하고 피집행인 또는 그 재산이 중화인민공화국 영역 내에 소재하여 있지 않을 경우에는 당사자가 직접 관할권이 있는 외국법원에 승인 및 집행을 신청하여야 한다.

제281조 외국법원의 법적 효력을 발생한 판결, 결정에 대해 중화인민공화국 법원의 승인 및 집행이 필요할 경우에는 당사자가 직접 중화인민공화국의 관할권이 있는 중급인민법원에 승인 및 집행을 신청할 수 있으며 외국법원이 해당국과 중화인민공화국이 체결하였거나 참가한 국제조약의 규정 또는 호혜원칙에 따라 인민법원에 승인 및 집행을 요청할 수도 있다.

제282조 인민법원은 외국법원의 법적 효력을 발생한 판결, 결정에 대한 승인 및 집행 관련 신청 또는 요청을 중화인민공화국이 체결하였거나 참가한 국제조약 또는 호혜원칙에 따라 심사한 후 중화인민공화국 법률의 기본원칙 또는 국가 주권, 안전, 사회공공이익에 위반되지 않는다고 인정할 경우에는 그 효력을 승인하고 집행이 필요하면 집행명령을 발부하여 이 법의 관련 규정에 따라 집행한다. 중화인민공화국 법률의 기본원칙 또는 국가 주권, 안전, 사회공공이익에 위반될 경우에는 승인 및 집행을 불허한다.

제283조 외국 중재기구의 판정에 대해 중화인민공화국 법원의 승인 및 집행이 필요할 경우에는 당사자가 직접 피집행인 주소지 또는 그 재산 소재지의 중급인민법원에 신청하여야 하며 인민법원은 중화인민공화국이 체결하였거나 참가한 국제조약 또는 호혜원칙에 따라 처리한다.

제284조 이 법은 공포된 날로부터 시행하며 「중화인민공화국 민사소송법(시행)」은 동시에 폐지된다.

공포일 : 2017년 7월 1일